BRIAN GAGG

WORTSUCHRÄTSEL
2 in 1 SAMMELBAND

OMA
und
OPA

Bibliografische Information der Deutschen Nationalbibliothek:
Die Deutsche Nationalbibliothek verzeichnet diese Publikation in der Deutschen Nationalbibliografie; detaillierte bibliografische Daten sind im Internet über http://dnb.dnb.de abrufbar.

Herstellung und Verlag: BoD – Books on Demand, Norderstedt
ISBN: 9783755701514

Inhaltsangabe Seite

Einleitung

Auf den folgenden Seiten finden sich thematisch sortierte Wortsuchrätsel.
Um ein Wortsuchrätsel zu lösen, müssen alle jeweils aufgelisteten Worte in der darüber befindlichen Buchstabenmatrix gefunden werden. Ist ein Wort gefunden, sollte es mit einem Stift umkreist und das gefundene Wort aus der Liste gestrichen werden. Sind alle Worte aus der Liste gefunden, ist das Rätsel gelöst. Bei Schwierigkeiten ein Rätsel zu lösen, kann die Lösung jeweils auf der Rückseite nachgeschaut werden. Die zu findenden Worte sind jeweils als ganzes (d.h. immer nur in einer Richtung und ungebrochen) in der Matrix nach folgenden Regeln versteckt:

- Suchworte können sich überlagern, d.h. ein Buchstabenkästchen kann von mehreren Suchworten genutzt sein.

- Worte können vorwärts, rückwärts, horizontal, vertikal oder diagonal in der Matrix versteckt sein.

- Suchworte stehen für sich alleine und sind unter- oder nebeneinander aufgelistet.

Z Q P T Z Q B P E L D Z R O B A N B N
X W H L P C Z W Y C T E T E O O E W I
B D M B I M N L I V S M I H S S A D M
L X K G I G M F F P I Z X I T I O W M
K M D N G L X D B C Q T I E J B C N T
H Z T U Q D M I I B E T R Z I O V H X
V E S G V J S E K P X R U N R G I R X
W H S I N V R L N Z M K J C Z H K N G
R S U E O W S U B P W V N A H E E O X
E V W N T A E P J L V D H O O F Q D J
S V E U R I I E X W W R R U R N S B P
P R B Z K H N D D Y B I Z E R O A E R
E Y T F O P O U M E R S U I C H F V V
K M S E M A E I C X O D E I X P H S Z
T P B S T F A C T X F L U I T U T N F
I C L G U W P W B P T M P Y N M I I L
E R E L I E B E V O L L I O D K E D C
R I S H K V X P M X P J U Q F Z H N D
T D Z S V V Y Y I R U R K E P U N U A
B G J J R M A D C R E R P B I T I E R
R V A U Y N F V E R T R A U T E E R F
E V V I C H P H B O N E G A L K C F Y
Z E I T T Z C E C F N T T D X C W A I
T C Y W C L G R E N Z E N D D X A Z Q

1

BESTE FREUNDIN
NIMMT SICH ZEIT
RESPEKTIERT GRENZEN
BEI DIR DARF ICH ICH SEIN
SEIN LEID KLAGEN DUERFEN

SELBSTBEWUSST
ZUNEIGUNG
VERTRAUTE
LIEBEVOLL
EINHEIT

Lösung

Z	Q	P	T	Z	Q	B	P	E	L	D	Z	R	O	B	A	N	B	N
X	W	H	L	P	C	Z	W	Y	C	T	E	T	E	O	O	E	W	I
B	D	M	B	I	M	N	L	I	V	S	M	I	H	S	S	A	D	M
L	X	K	G	I	G	M	F	F	P	I	Z	X	I	T	I	O	W	M
K	M	D	N	G	L	X	D	B	C	Q	T	I	E	J	B	C	N	T
H	Z	T	U	Q	D	M	I	I	B	E	T	R	Z	I	O	V	H	X
V	E	S	G	V	J	S	E	K	P	X	R	U	N	R	G	I	R	X
W	H	S	I	N	V	R	L	N	Z	M	K	J	C	Z	H	K	N	G
R	S	U	E	O	W	S	U	B	P	W	V	N	A	H	E	E	O	X
E	V	W	N	T	A	E	P	J	L	V	D	H	O	O	F	Q	D	J
S	V	E	U	R	I	I	E	X	W	W	R	R	U	R	N	S	B	P
P	R	B	Z	K	H	N	D	D	Y	B	I	Z	E	R	O	A	E	R
E	Y	T	F	O	P	O	U	M	E	R	S	U	I	C	H	F	V	V
K	M	S	E	M	A	E	I	C	X	O	D	E	I	X	P	H	S	Z
T	P	B	S	T	F	A	C	T	X	F	L	U	I	T	U	T	N	F
I	C	L	G	U	W	P	W	B	P	T	M	P	Y	N	M	I	I	L
E	R	E	L	I	E	B	E	V	O	L	L	I	O	D	K	E	D	C
R	I	S	H	K	V	X	P	M	X	P	J	U	Q	F	Z	H	N	D
T	D	Z	S	V	V	Y	Y	I	R	U	R	K	E	P	U	N	U	A
B	G	J	J	R	M	A	D	C	R	E	R	P	B	I	T	I	E	R
R	V	A	U	Y	N	F	V	E	R	T	R	A	U	T	E	E	R	F
E	V	V	I	C	H	P	H	B	O	N	E	G	A	L	K	C	F	Y
Z	E	I	T	T	Z	C	E	C	F	N	T	T	D	X	C	W	A	I
T	C	Y	W	C	L	G	R	E	N	Z	E	N	D	D	X	A	Z	Q

K	Q	M	X	X	I	I	V	B	B	E	Z	I	E	H	U	N	G	V
V	J	A	W	F	X	V	N	E	O	A	H	D	G	A	R	E	A	F
E	Z	I	V	S	T	E	Y	V	R	I	L	X	H	S	E	A	G	J
R	N	H	D	K	U	F	D	L	M	B	W	S	I	G	D	L	U	N
S	F	L	D	G	A	X	M	M	Z	M	R	Z	H	Z	C	X	N	G
T	M	L	J	E	B	R	N	K	M	A	E	I	P	N	J	B	E	Q
A	E	U	E	D	O	V	U	N	O	S	L	R	N	H	T	I	B	T
E	M	S	V	I	H	R	E	Z	N	M	H	Y	Q	G	E	Y	E	R
N	T	K	O	G	N	N	Q	S	Y	I	E	T	T	N	E	U	G	E
D	S	H	H	L	N	M	T	U	E	E	U	W	B	U	O	N	R	W
N	O	J	C	E	I	I	A	J	Z	M	F	N	Y	K	J	P	E	S
I	E	E	O	A	E	D	Q	L	P	E	E	R	L	C	L	V	V	N
S	K	K	L	Z	R	R	A	T	I	G	G	E	W	U	C	S	S	E
V	O	K	P	X	A	T	A	R	J	G	C	D	S	T	Z	A	G	B
O	E	Z	E	Z	S	C	N	A	I	G	E	E	S	L	L	C	W	E
L	N	H	M	H	W	I	I	I	K	T	E	N	H	X	R	I	W	I
L	N	P	C	T	X	I	V	J	E	I	A	T	O	Q	M	K	I	L
P	E	E	H	C	I	L	G	R	O	S	R	E	U	F	L	D	D	G
T	N	P	B	Q	S	T	R	T	C	A	R	M	T	G	D	H	I	X
U	G	E	E	A	S	E	G	L	X	X	H	Y	M	V	I	I	U	K
O	Q	W	I	V	H	W	Q	Y	S	L	C	Z	M	N	E	F	F	O
W	H	V	N	F	O	X	E	U	J	U	N	D	M	B	C	Y	U	F
O	B	F	W	R	D	M	Z	P	G	C	T	L	H	S	T	R	M	Y
P	A	W	E	B	C	Z	J	V	H	Y	H	X	G	Y	A	B	V	M

VERSTAENDNISVOLL
WIR GEFUEHL HABEN
EINMALIGE BEZIEHUNG
OFFEN REDEN KOENNEN
GEMEIMSAM ZEIT VERBRINGEN

VERGEBEN KOENNEN
FUERSORGLICH
SOLIDARITAET
LIEBENSWERT
EINTRACHT

Lösung

K	Q	M	X	X	I	I	V	B	B	E	Z	I	E	H	U	N	G	V
V	J	A	W	F	X	V	N	E	O	A	H	D	G	A	R	E	A	F
E	Z	I	V	S	T	E	Y	V	R	I	L	X	H	S	E	A	G	J
R	N	H	D	K	U	F	D	L	M	B	W	S	I	G	D	L	U	N
S	F	L	D	G	A	X	M	M	Z	M	R	Z	H	Z	C	X	N	G
T	M	L	J	E	B	R	N	K	M	A	E	I	P	N	J	B	E	Q
A	E	U	E	D	O	V	U	N	O	S	L	R	N	H	T	I	B	T
E	M	S	V	I	H	R	E	Z	N	M	H	Y	Q	G	E	Y	E	R
N	T	K	O	G	N	N	Q	S	Y	I	E	T	T	N	E	U	G	E
D	S	H	H	L	N	M	T	U	E	E	U	W	B	U	O	N	R	W
N	O	J	C	E	I	I	A	J	Z	M	F	N	Y	K	J	P	E	S
I	E	E	O	A	E	D	Q	L	P	E	E	R	L	C	L	V	V	N
S	K	K	L	Z	R	R	A	T	I	G	G	E	W	U	C	S	S	E
V	O	K	P	X	A	T	A	R	J	G	C	D	S	T	Z	A	G	B
O	E	Z	E	Z	S	C	N	A	I	G	E	E	S	L	L	C	W	E
L	N	H	M	H	W	I	I	I	K	T	E	N	H	X	R	I	W	I
L	N	P	C	T	X	I	V	J	E	I	A	T	O	Q	M	K	I	L
P	E	E	H	C	I	L	G	R	O	S	R	E	U	F	L	D	D	G
T	N	P	B	Q	S	T	R	T	C	A	R	M	T	G	D	H	I	X
U	G	E	E	A	S	E	G	L	X	X	H	Y	M	V	I	I	U	K
O	Q	W	I	V	H	W	Q	Y	S	L	C	Z	M	N	E	F	F	O
W	H	V	N	F	O	X	E	U	J	U	N	D	M	B	C	Y	U	F
O	B	F	W	R	D	M	Z	P	G	C	T	L	H	S	T	R	M	Y
P	A	W	E	B	C	Z	J	V	H	Y	H	X	G	Y	A	B	V	M

K	J	L	X	I	A	W	Y	A	O	X	R	C	W	I	G	Y	S	J
T	T	M	B	Z	A	K	Y	X	K	R	O	R	L	I	D	V	P	G
J	H	R	V	E	R	S	T	E	H	T	G	I	A	H	A	T	E	R
C	Y	V	O	Q	D	R	U	H	E	A	C	D	O	T	B	S	N	D
Z	I	G	C	S	E	T	T	J	E	Q	X	F	F	B	T	P	D	I
J	N	X	B	F	T	R	E	H	C	I	L	T	R	E	A	Z	E	Y
W	N	E	Z	T	E	A	H	C	S	A	D	E	N	K	T	B	N	S
G	E	M	E	I	N	S	A	M	E	N	N	J	C	N	R	I	Z	T
Z	U	H	O	E	R	E	N	L	T	R	H	A	W	E	B	V	N	R
G	V	C	X	X	V	P	T	T	I	I	Z	I	H	Z	X	G	J	E
M	M	S	N	H	X	P	O	I	C	E	O	Q	G	K	E	O	U	S
T	E	N	N	M	C	P	N	R	V	L	B	K	N	I	M	F	S	S
G	C	E	X	R	Y	Z	B	K	T	F	Q	K	N	E	X	F	L	Q
G	N	M	D	A	L	H	W	M	T	U	N	E	J	G	D	D	W	O
S	B	Y	N	B	H	J	F	V	D	D	N	S	C	B	B	O	E	X
U	K	R	E	K	Q	M	D	H	G	G	G	V	V	A	E	H	K	D
G	X	M	N	N	H	F	D	T	Q	P	I	T	B	W	V	T	V	V
E	Z	D	R	A	P	Q	Q	J	A	F	W	B	N	J	J	K	W	G
K	M	T	O	D	B	W	K	K	D	B	G	O	Y	E	F	V	R	M
P	H	G	P	B	K	R	Z	B	R	M	K	E	F	T	M	R	W	Q
P	B	Q	S	J	Z	G	U	L	S	C	V	K	R	W	W	O	C	X
W	W	L	N	K	D	H	N	Z	R	G	M	B	P	S	L	M	M	M
I	F	G	A	O	K	W	G	X	C	Y	S	B	V	T	Z	O	F	A
Y	E	S	F	T	I	M	D	T	S	Z	I	E	V	W	V	B	H	T

TROST SPENDEN
VERSTEHT EINEN
ZAERTLICHER MENSCH
BEWAHRT BEI STRESS RUHE
DEN GEMEINSAMEN MOMENT SCHAETZEN

ANSPORNEND
DENKT MIT
ZUHOEREN
DANKBAR
LIEB

Lösung

K J L X I A W Y A O X R C W I G Y S J
T T M B Z A K Y X K R O R L I D V P G
J H R V E R S T E H T G I A H A T E R
C Y V O Q D R U H E A C D O T B S N D
Z I G C S E T T J E Q X F F B T P D I
J N X B F T R E H C I L T R E A Z E Y
W N E Z T E A H C S A D E N K T B N S
G E M E I N S A M E N N J C N R I Z T
Z U H O E R E N L T R H A W E B V N R
G V C X X V P T T I I Z I H Z X G J E
M M S N H X P O I C E O Q G K E O U S
T E N N M C P N R V L B K N I M F S S
G C E X R Y Z B K T F Q K N E X F L Q
G N M D A L H W M T U N E J G D D W O
S B Y N B H J F V D D N S C B B O E X
U K R E K Q M D H G G G V V A E H K D
G X M N N H F D T Q P I T B W V T V V
E Z D R A P Q Q J A F W B N J J K W G
K M T O D B W K K D B G O Y E F V R M
P H G P B K R Z B R M K E F T M R W Q
P B Q S J Z G U L S C V K R W W O C X
W W L N K D H N Z R G M B P S L M M M
I F G A O K W G X C Y S B V T Z O F A
Y E S F T I M D T S Z I E V W V B H T

P	S	M	B	Q	D	S	J	F	H	L	C	G	X	G	U	O	M	M
Z	S	J	J	M	O	R	L	K	B	T	H	M	N	S	Z	O	V	F
A	Y	L	T	O	Z	X	L	I	N	I	L	B	N	R	P	E	O	M
K	E	U	A	Y	N	Y	L	F	G	E	I	S	I	X	G	Q	T	Y
T	I	G	G	V	E	P	J	Q	I	H	Q	S	G	J	E	O	L	P
G	N	N	Q	T	D	E	G	P	B	N	T	Y	I	D	M	O	E	K
H	F	L	L	E	V	B	J	T	T	E	V	X	G	W	E	E	C	C
V	U	U	D	L	S	T	W	P	P	G	O	K	E	E	I	A	K	G
U	E	M	E	L	K	X	G	L	E	N	K	H	U	X	N	J	E	J
W	H	U	J	E	A	M	E	J	O	A	L	H	Z	H	T	R	R	V
E	L	K	Q	T	W	M	M	P	S	G	R	R	S	Q	E	A	E	N
X	S	B	P	S	I	O	E	U	O	R	E	C	S	G	C	B	S	E
M	A	T	N	K	H	G	I	E	R	E	H	W	O	B	G	K	W	S
Q	M	V	T	N	Z	O	N	G	U	V	C	H	R	S	G	N	P	S
X	I	U	H	A	T	N	S	W	I	K	C	W	G	L	W	A	J	E
N	G	W	H	T	O	T	A	Q	X	T	R	H	O	S	Q	D	O	R
L	K	F	J	N	N	Y	M	S	W	G	L	A	F	K	P	T	U	I
E	R	N	Q	E	W	K	E	Y	E	I	B	E	C	J	F	P	Y	B
Z	T	W	N	L	L	H	M	N	I	R	E	T	A	R	E	B	I	A
Q	R	N	I	E	S	K	W	O	D	T	X	P	R	F	F	K	Y	T
E	E	N	A	E	Z	A	Y	I	Y	Z	G	Y	D	Z	G	F	Z	K
D	U	U	E	S	W	I	S	G	T	H	K	G	Q	Q	I	R	R	K
E	G	S	G	Q	D	W	A	M	M	K	F	P	I	Z	C	S	O	M
N	O	I	D	S	F	U	N	W	Y	T	W	M	E	H	Q	G	K	S

DANKBAR SEIN
LECKERES ESSEN
SEELENTANKSTELLE
GIBT GUT GEMEINTE TIPPS
GEMEINSAME VERGANGENHEIT

GROSSZUEGIG
SORGFAELTIG
EINFUEHLSAM
BERATERIN
TREU

Lösung

P S M B Q D S J F H L C G X G U O M M
Z S J J M O R L K B T H M N S Z O V F
A Y L T O Z X L I N I L B N R P E O M
K E U A Y N Y L F G E I S I X G Q T Y
T I G G V E P J Q I H Q S G J E O L P
G N N Q T D E G P B N T Y I D M O E K
H F L L E V B J T T E V X G W E E C C
V U U D L S T W P P G O K E E I A K G
U E M E L K X G L E N K H U X N J E J
W H U J E A M E J O A L H Z H T R R V
E L K Q T W M M P S G R R S Q E A E N
X S B P S I O E U O R E C S G C B S E
M A T N K H G I E R E H W O B G K W S
Q M V T N Z O N G U V C H R S G N P S
X I U H A T N S W I K C W G L W A J E
N G W H T O T A Q X T R H O S Q D O R
L K F J N N Y M S W G L A F K P T U I
E R N Q E W K E Y E I B E C J F P Y B
Z T W N L L H M N I R E T A R E B I A
Q R N I E S K W O D T X P R F F K Y T
E E N A E Z A Y I Y Z G Y D Z G F Z K
D U U E S W I S G T H K G Q Q I R R K
E G S G Q D W A M M K F P I Z C S O M
N O I D S F U N W Y T W M E H Q G K S

D A S Z Z P Y G I J F Q S I O V S C O
L E I D Q A D J U Y U B C C L H N G V
Y P F L E R V R D A Q H T S O R E C T
X V C J L I E X O R B V F Z R O C Y N
O D T U L L V E R T R A G E N H X E K
U S X N F I C M L D U S J K E J H F V
W N G F O R J M K M O G N N Q M R B L
D B I J I D V O W W H O L T E T L A V
U X T M A C Q E O H A J U N Y H O W Q
E O H N L U L T A M C L T I M L L T G
R H C A E E I N F A L L S R E I C H R
F T I F S Z X Q Q U N D N N S I Z J A
A H S I F M T E P G U W E B T H V O B
J C H J B S O E H C H K F W F Y Y B R
G I C G E I Q U U Y U A I L M F B Z R
X S A V S C D S K H B D H Y W F F T I
F K N M T H F Q Z X C R H K K O H M E
V C J W E R L F B K I S E K W A N X B
T E G G K A H R M Q X F E N E U Y Z N
C U Q J W Y M A K F R E S B I S Y F U
V R N W Z G G U B O M D X K N R E N M
O B G Y D I R S J O W M W V T F G M N
N W Y Q P R J G Y K B F J T K E R I D
S R K J D U K H J L Z W J Y A Q H Z B

WEINT MIT DIR
FREUD UND LEID
SICH VERTRAGEN
RUECKSICHT NEHMEN
HOLT DAS BESTE AUS MIR RAUS

EINFALLSREICH
NACHSICHTIG
BESCHUETZEN
UNBEIRRBAR
DIREKT

Lösung

D A S Z Z P Y G I J F Q S I O V S C O

L E I D Q A D J U Y U B C C L H N G V

Y P F L E R V R D A Q H T S O R E C T

X V C J L I E X O R B V F Z R O C Y N

O D T U L L V E R T R A G E N H X E K

U S X N F I C M L D U S J K E J H F V

W N G F O R J M K M O G N N Q M R B L

D B I J I D V O W W H O L T E T L A V

U X T M A C Q E O H A J U N Y H O W Q

E O H N L U L T A M C L T I M L L T G

R H C A E E I N F A L L S R E I C H R

F T I F S Z X Q Q U N D N N S I Z J A

A H S I F M T E P G U W E B T H V O B

J C H J B S O E H C H K F W F Y Y B R

G I C G E I Q U U Y U A I L M F B Z R

X S A V S C D S K H B D H Y W F F T I

F K N M T H F Q Z X C R H K K O H M E

V C J W E R L F B K I S E K W A N X B

T E G G K A H R M Q X F E N E U Y Z N

C U Q J W Y M A K F R E S B I S Y F U

V R N W Z G G U B O M D X K N R E N M

O B G Y D I R S J O W M W V T F G M N

N W Y Q P R J G Y K B F J T K E R I D

S R K J D U K H J L Z W J Y A Q H Z B

Z	S	U	D	N	B	A	T	V	S	G	V	D	F	Y	E	C	G	D
E	L	W	Y	G	V	P	K	T	T	A	X	E	H	L	E	F	L	L
T	C	B	Z	B	Q	O	R	D	E	N	T	L	I	C	H	F	O	A
I	V	Y	Q	X	O	Q	H	Y	S	O	G	K	L	C	R	B	O	C
E	U	N	T	E	R	S	T	U	E	T	Z	E	N	D	P	N	M	N
K	P	A	D	Q	B	W	M	X	O	C	I	A	V	T	V	C	U	D
G	E	I	P	M	Z	E	X	L	D	Q	T	O	D	W	T	D	X	I
I	D	S	O	X	R	S	A	F	X	G	U	N	C	U	G	O	G	W
R	A	E	N	V	S	N	K	C	G	I	L	A	M	N	I	E	J	C
E	K	W	I	K	C	J	F	Q	C	N	J	U	A	M	Y	R	Q	L
O	G	U	R	S	A	B	I	N	G	U	C	U	A	F	M	D	G	R
H	W	C	E	G	E	N	E	B	A	H	V	Q	T	Y	R	X	N	H
E	S	G	Z	K	Y	A	Y	R	N	A	M	L	H	T	E	J	C	O
G	T	L	T	X	T	J	H	D	A	X	K	G	B	K	T	P	N	S
U	V	M	E	U	N	B	E	Z	A	H	L	B	A	R	T	F	K	Z
Z	I	J	U	N	N	I	S	N	I	E	M	E	G	M	U	I	C	V
A	N	Y	H	R	W	D	Y	A	J	Y	I	H	E	O	M	F	Q	F
K	E	P	C	R	J	W	N	F	K	H	P	Z	F	I	S	F	Q	K
J	D	L	S	H	R	D	K	G	L	G	V	F	W	B	S	I	R	A
O	P	A	E	V	G	M	T	P	G	K	E	I	V	Z	O	G	B	V
B	D	E	B	O	D	C	V	I	I	N	X	I	K	G	R	N	I	T
K	A	N	M	P	G	J	N	R	E	J	I	Z	D	E	G	H	J	T
J	B	Z	N	I	S	E	O	S	Q	M	M	V	U	L	B	Y	Y	E
C	R	M	N	Z	W	T	S	P	U	K	K	L	E	I	L	H	C	E

UNBEZAHLBAR
BESCHUETZERIN
ZUGEHOERIGKEIT
UNTERSTUETZEND
OFFENES OHR HABEN

GROSSMUTTER
GEMEINSINN
ORDENTLICH
EINMALIG
PFIFFIG

Lösung

Z S U D N B A T V S G V D F Y E C G D

E L W Y G V P K T T A X E H L E F L L

T C B Z B Q O R D E N T L I C H F O A

I V Y Q X O Q H Y S O G K L C R B O C

E U N T E R S T U E T Z E N D P N M N

K P A D Q B W M X O C I A V T V C U D

G E I P M Z E X L D Q T O D W T D X I

I D S O X R S A F X G U N C U G O G W

R A E N V S N K C G I L A M N I E J C

E K W I K C J F Q C N J U A M Y R Q L

O G U R S A B I N G U C U A F M D G R

H W C E G E N E B A H V Q T Y R X N H

E S G Z K Y A Y R N A M L H T E J C O

G T L T X T J H D A X K G B K T P N S

U V M E U N B E Z A H L B A R T F K Z

Z I J U N N I S N I E M E G M U I C V

A N Y H R W D Y A J Y I H E O M F Q F

K E P C R J W N F K H P Z F I S F Q K

J D L S H R D K G L G V F W B S I R A

O P A E V G M T P G K E I V Z O G B V

B D E B O D C V I I N X I K G R N I T

K A N M P G J N R E J I Z D E G H J T

J B Z N I S E O S Q M M V U L B Y Y E

C R M N Z W T S P U K K L E I L H C E

Y	G	G	P	B	N	H	A	C	J	F	K	I	S	X	N	Q	O	C
S	Z	R	H	A	Q	U	Y	U	E	F	N	T	X	R	S	S	V	L
T	K	N	E	H	C	S	N	X	H	N	G	D	R	L	O	S	H	I
U	Y	U	B	N	U	C	R	A	N	S	I	K	O	I	N	G	W	E
S	U	V	R	D	Y	S	J	I	E	N	D	A	L	K	N	E	T	B
T	I	X	H	E	D	I	C	H	F	H	J	W	R	C	E	S	B	H
T	L	M	Z	C	C	H	A	B	U	Y	E	C	D	F	N	C	S	G
N	C	N	N	P	I	Q	T	K	E	U	I	U	X	H	S	H	M	G
O	A	E	O	Q	D	D	V	S	R	C	O	G	K	J	C	I	Q	L
U	L	G	G	Z	D	J	R	S	S	F	U	Z	D	K	H	C	B	M
Y	I	N	J	F	I	E	K	S	O	U	H	K	J	M	E	K	Z	Y
N	I	U	W	W	U	J	G	F	R	E	N	P	Y	R	I	T	E	K
E	C	M	Q	F	G	U	Z	E	G	U	M	Z	W	F	N	R	O	H
U	U	R	F	J	T	V	S	B	L	C	A	F	V	G	K	Y	M	A
A	N	A	C	N	X	T	L	L	I	R	D	Y	V	L	Y	U	P	H
R	R	M	Q	J	Z	C	E	A	C	O	O	E	A	Z	Z	I	J	Q
T	E	U	C	Y	V	G	O	P	H	X	L	E	G	R	A	S	B	D
R	W	O	W	R	N	Z	B	C	M	F	R	G	Y	F	I	N	R	E
E	S	F	E	I	H	A	B	W	W	T	B	C	W	P	Y	H	A	N
V	A	M	D	F	W	C	T	I	I	E	T	D	S	D	N	C	C	K
A	M	T	Z	J	A	T	P	W	R	M	O	X	G	O	C	V	G	T
I	I	C	H	M	S	H	X	E	Q	H	K	G	L	M	M	S	E	T
D	I	C	H	R	M	Q	D	F	F	A	P	C	F	S	T	I	E	Z
Y	S	M	N	H	D	Z	E	A	P	T	H	C	A	M	N	D	Q	N

DENKT AN DICH
ERKLAERT DINGE
ICH HAB DICH LIEB
SCHENKT VERTRAUEN
HAT IMMER ZEIT FUER DICH

FUERSORGLICH
SONNENSCHEIN
UMARMUNGEN
GESCHICKT
NAEHE

Lösung

Y	G	G	P	B	N	H	A	C	J	F	K	I	S	X	N	Q	O	C
S	Z	R	H	A	Q	U	Y	U	E	F	N	T	X	R	S	S	V	L
T	K	N	E	H	C	S	N	X	H	N	G	D	R	L	O	S	H	I
U	Y	U	B	N	U	C	R	A	N	S	I	K	O	I	N	G	W	E
S	U	V	R	D	Y	S	J	I	E	N	D	A	L	K	N	E	T	B
T	I	X	H	E	D	I	C	H	F	H	J	W	R	C	E	S	B	H
T	L	M	Z	C	C	H	A	B	U	Y	E	C	D	F	N	C	S	G
N	C	N	N	P	I	Q	T	K	E	U	I	U	X	H	S	H	M	G
O	A	E	O	Q	D	D	V	S	R	C	O	G	K	J	C	I	Q	L
U	L	G	G	Z	D	J	R	S	S	F	U	Z	D	K	H	C	B	M
Y	I	N	J	F	I	E	K	S	O	U	H	K	J	M	E	K	Z	Y
N	I	U	W	W	U	J	G	F	R	E	N	P	Y	R	I	T	E	K
E	C	M	Q	F	G	U	Z	E	G	U	M	Z	W	F	N	R	O	H
U	U	R	F	J	T	V	S	B	L	C	A	F	V	G	K	Y	M	A
A	N	A	C	N	X	T	L	L	I	R	D	Y	V	L	Y	U	P	H
R	R	M	Q	J	Z	C	E	A	C	O	O	E	A	Z	Z	I	J	Q
T	E	U	C	Y	V	G	O	P	H	X	L	E	G	R	A	S	B	D
R	W	O	W	R	N	Z	B	C	M	F	R	G	Y	F	I	N	R	E
E	S	F	E	I	H	A	B	W	W	T	B	C	W	P	Y	H	A	N
V	A	M	D	F	W	C	T	I	I	E	T	D	S	D	N	C	C	K
A	M	T	Z	J	A	T	P	W	R	M	O	X	G	O	C	V	G	T
I	I	C	H	M	S	H	X	E	Q	H	K	G	L	M	M	S	E	T
D	I	C	H	R	M	Q	D	F	F	A	P	C	F	S	T	I	E	Z
Y	S	M	N	H	D	Z	E	A	P	T	H	C	A	M	N	D	Q	N

T	L	C	J	T	Y	Y	A	I	T	J	W	L	F	L	S	V	U	X
F	F	Y	Q	B	K	L	E	U	I	V	A	A	Z	G	X	V	U	T
A	D	V	A	I	K	Q	H	T	E	X	E	J	P	H	C	F	E	K
V	G	N	Y	G	E	T	M	E	H	R	H	R	K	A	Q	T	J	N
T	D	D	E	Z	I	R	J	S	N	Z	R	N	O	L	S	E	S	F
I	Q	Z	G	S	D	C	P	O	E	H	L	C	K	E	Y	W	Q	M
E	W	U	V	E	U	B	G	L	G	A	I	K	B	Y	V	M	K	X
K	Z	E	H	S	J	A	J	S	E	N	C	A	F	S	D	W	M	S
G	T	I	X	T	P	H	T	G	L	E	H	R	R	G	U	F	W	O
I	G	N	L	K	Q	H	K	N	E	U	E	B	E	R	V	P	V	Z
R	I	A	W	V	Q	T	O	U	G	P	L	R	N	G	G	R	G	D
E	E	N	B	A	B	W	N	G	N	W	S	P	K	E	I	V	Q	F
O	Z	D	O	W	F	T	S	N	A	O	J	G	T	J	T	O	W	L
H	K	E	O	P	H	P	T	I	S	G	G	L	U	A	S	L	H	L
E	T	R	D	X	H	O	R	D	N	T	I	K	V	E	E	T	A	O
G	M	D	D	A	L	D	U	E	E	P	H	D	Y	R	U	I	J	H
N	G	B	F	O	N	J	K	B	Z	B	Z	C	L	U	A	M	T	J
E	H	W	J	W	T	K	T	F	R	Z	K	Z	I	U	Z	O	Z	A
M	X	E	Z	O	X	F	I	S	E	C	P	N	U	R	D	I	E	L
M	K	I	T	I	R	K	V	J	H	R	P	S	E	K	P	E	G	K
A	N	L	G	B	B	H	E	L	L	I	E	B	E	K	U	S	G	T
S	K	D	I	I	E	A	Z	A	W	Y	V	Y	V	G	S	N	H	C
U	F	N	N	Y	Z	M	W	V	F	O	P	G	H	J	D	H	F	H
Z	Z	N	M	C	N	Z	W	K	S	E	C	Y	T	Z	W	C	F	T

HERZENSANGELEGENHEIT
ZUSAMMENGEHOERIGKEIT
GIBT KONSTRUKTIVE KRITIK
SPRICHT UEBER DIE ZUKUNFT
ZEIGT BEDINGUNGSLOSE LIEBE

ZUEINANDER HALTEN
TAUSEND DANK
DIE BESTE
GEDULDIG
EHRLICH

Lösung

T	L	C	J	T	Y	Y	A	I	T	J	W	L	F	L	S	V	U	X
F	F	Y	Q	B	K	L	E	U	I	V	A	A	Z	G	X	V	U	T
A	D	V	A	I	K	Q	H	T	E	X	E	J	P	H	C	F	E	K
V	G	N	Y	G	E	T	M	E	H	R	H	R	K	A	Q	T	J	N
T	D	D	E	Z	I	R	J	S	N	Z	R	N	O	L	S	E	S	F
I	Q	Z	G	S	D	C	P	O	E	H	L	C	K	E	Y	W	Q	M
E	W	U	V	E	U	B	G	L	G	A	I	K	B	Y	V	M	K	X
K	Z	E	H	S	J	A	J	S	E	N	C	A	F	S	D	W	M	S
G	T	I	X	T	P	H	T	G	L	E	H	R	R	G	U	F	W	O
I	G	N	L	K	Q	H	K	N	E	U	E	B	E	R	V	P	V	Z
R	I	A	W	V	Q	T	O	U	G	P	L	R	N	G	G	R	G	D
E	E	N	B	A	B	W	N	G	N	W	S	P	K	E	I	V	Q	F
O	Z	D	O	W	F	T	S	N	A	O	J	G	T	J	T	O	W	L
H	K	E	O	P	H	P	T	I	S	G	G	L	U	A	S	L	H	L
E	T	R	D	X	H	O	R	D	N	T	I	K	V	E	E	T	A	O
G	M	D	D	A	L	D	U	E	E	P	H	D	Y	R	U	I	J	H
N	G	B	F	O	N	J	K	B	Z	B	Z	C	L	U	A	M	T	J
E	H	W	J	W	T	K	T	F	R	Z	K	Z	I	U	Z	O	Z	A
M	X	E	Z	O	X	F	I	S	E	C	P	N	U	R	D	I	E	L
M	K	I	T	I	R	K	V	J	H	R	P	S	E	K	P	E	G	K
A	N	L	G	B	B	H	E	L	L	I	E	B	E	K	U	S	G	T
S	K	D	I	I	E	A	Z	A	W	Y	V	Y	V	G	S	N	H	C
U	F	N	N	Y	Z	M	W	V	F	O	P	G	H	J	D	H	F	H
Z	Z	N	M	C	N	Z	W	K	S	E	C	Y	T	Z	W	C	F	T

Y D J Y V M K U V N O S M C O R W C I
L B U W E N N G Q E S G G I X L D B P
M W J B A C A G F N I H F N V T T Y S
H A H O H D R S U N D H R F O C E M K
L V R X N M K M Z E H L Z C O L V P K
A R P Y U X I Y C O D L G E H U T N C
K J N A T K D C S K D L M E Y S G N I
U Q G N S D R N H D N V U V I V E I L
E N Q Q I S S I N C A F Z B Y S R H B
M E E E U M T E F E N F G R S H B K T
M T H H S R M H L U D B I A A S D E H
E S A J C V G T M H N I L Z I H F G C
R G E H D A G U A F A R E C O W C O I
T N L X U N L X U F E A H H X N N I L
J E T G I R N A F V U T R L C S E O D
D A C R M E O N E F L J Z X P S F K A
Y Q B H L M N J I E K R U G P U E V U
Y L H Q F M L A N I U V K A A U H B V
H M R U E I E R A N S G M U D H R G J
M C D B P C G E N V H E Y A H L C D E
P E I N E M E U D N E G R O B E G I X
Z F R D D B R F E A Z C E W D O B R E
B R T S V D X C R R Y J D Z S I R M G
Q C C J C U X S U U T I Y Y L M V L Q

IMMER FUER DICH DA

PASST AUF DICH AUF

FUEHLE MICH GEBORGEN

NIMMT DIR AENGSTE

BRINGT EINEM ZUM LACHEN

HAELT REGELN EIN

AUFEINANDER VERLASSEN KOENNEN

BESCHEIDEN

KUEMMERT SICH WENN DU KRANK BIST

LICHTBLICK

Lösung

Y D J Y V M K U V N O S M C O R W C I
L B U W E N N G Q E S G G I X L D B P
M W J B A C A G F N I H F N V T T Y S
H A H O H D R S U N D H R F O C E M K
L V R X N M K M Z E H L Z C O L V P K
A R P Y U X I Y C O D L G E H U T N C
K J N A T K D C S K D L M E Y S G N I
U Q G N S D R N H D N V U V I V E I L
E N Q Q I S S I N C A F Z B Y S R H B
M E E E U M T E F E N F G R S H B K T
M T H H S R M H L U D B I A A S D E H
E S A J C V G T M H N I L Z I H F G C
R G E H D A G U A F A R E C O W C O I
T N L X U N L X U F E A H H X N N I L
J E T G I R N A F V U T R L C S E O D
D A C R M E O N E F L J Z X P S F K A
Y Q B H L M N J I E K R U G P U E V U
Y L H Q F M L A N I U V K A A U H B V
H M R U E I E R A N S G M U D H R G J
M C D B P C G E N V H E Y A H L C D E
P E I N E M E U D N E G R O B E G I X
Z F R D D B R F E A Z C E W D O B R E
B R T S V D X C R R Y J D Z S I R M G
Q C C J C U X S U U T I Y Y L M V L Q

G	A	K	E	R	F	D	P	I	C	Z	L	W	X	O	S	H	F	F
L	U	A	K	U	O	T	D	X	U	X	N	N	H	B	R	T	Y	T
O	F	K	K	H	G	H	A	T	O	S	E	E	I	L	N	E	O	H
T	H	H	W	V	V	A	G	B	K	I	N	D	N	E	M	R	D	N
U	R	K	Q	N	L	J	V	E	O	C	I	E	E	P	M	B	F	J
T	S	S	E	A	L	V	A	I	C	H	E	R	I	W	L	B	H	L
B	T	P	Q	P	Z	E	V	L	F	Q	V	S	N	U	J	U	E	T
J	G	P	P	O	U	R	T	X	P	W	S	U	V	K	C	D	L	E
I	A	O	N	V	H	B	X	Z	J	C	X	A	E	J	H	N	F	D
N	X	R	T	G	O	U	Q	R	C	Y	I	P	R	A	F	I	E	K
S	Z	K	U	G	E	E	C	A	N	N	P	S	S	T	Y	Q	R	A
P	O	W	Z	K	R	N	H	U	R	P	F	L	E	L	K	W	I	N
I	V	U	C	N	E	D	I	F	E	B	O	K	T	G	N	R	N	N
R	O	Q	W	I	R	E	S	M	S	W	F	G	Z	T	X	N	N	M
A	P	C	Z	H	I	T	E	E	S	B	S	K	E	J	H	R	D	Q
T	Z	T	N	D	N	E	K	R	A	K	N	W	N	G	A	Q	W	A
I	W	V	C	E	A	N	L	K	D	E	K	Z	W	Q	O	T	T	Y
O	U	M	Z	Q	N	F	E	S	T	L	U	N	V	A	J	P	F	F
N	K	I	K	A	J	I	K	A	Z	T	A	L	P	R	E	K	N	A
F	W	C	L	F	J	M	E	M	D	N	W	T	G	N	K	W	J	Y
D	H	E	L	T	W	C	H	S	D	M	G	N	G	L	A	U	B	T
Z	Q	C	J	I	A	K	F	O	T	A	N	N	Z	U	B	N	G	N
L	C	S	I	A	N	H	M	A	S	B	S	N	J	N	I	I	O	Y
C	W	O	W	D	A	C	T	L	S	I	E	S	S	L	O	M	D	A

10

GLAUBT AN DICH
LAESST AUSREDEN
HELFERIN IN DER NOT
SAGT DASS SIE EINEN LIEBT
KANN SICH IN EINEN HINEINVERSETZEN

VERBUENDETE
AUFMERKSAM
INSPIRATION
ANKERPLATZ
ZUHOERERIN

Lösung

G	A	K	E	R	F	D	P	I	C	Z	L	W	X	O	S	H	F	F
L	U	A	K	U	O	T	D	X	U	X	N	N	H	B	R	T	Y	T
O	F	K	K	H	G	H	A	T	O	S	E	E	I	L	N	E	O	H
T	H	H	W	V	V	A	G	B	K	I	N	D	N	E	M	R	D	N
U	R	K	Q	N	L	J	V	E	O	C	I	E	E	P	M	B	F	J
T	S	S	E	A	L	V	A	I	C	H	E	R	I	W	L	B	H	L
B	T	P	Q	P	Z	E	V	L	F	Q	V	S	N	U	J	U	E	T
J	G	P	P	O	U	R	T	X	P	W	S	U	V	K	C	D	L	E
I	A	O	N	V	H	B	X	Z	J	C	X	A	E	J	H	N	F	D
N	X	R	T	G	O	U	Q	R	C	Y	I	P	R	A	F	I	E	K
S	Z	K	U	G	E	E	C	A	N	N	P	S	S	T	Y	Q	R	A
P	O	W	Z	K	R	N	H	U	R	P	F	L	E	L	K	W	I	N
I	V	U	C	N	E	D	I	F	E	B	O	K	T	G	N	R	N	N
R	O	Q	W	I	R	E	S	M	S	W	F	G	Z	T	X	N	N	M
A	P	C	Z	H	I	T	E	E	S	B	S	K	E	J	H	R	D	Q
T	Z	T	N	D	N	E	K	R	A	K	N	W	N	G	A	Q	W	A
I	W	V	C	E	A	N	L	K	D	E	K	Z	W	Q	O	T	T	Y
O	U	M	Z	Q	N	F	E	S	T	L	U	N	V	A	J	P	F	F
N	K	I	K	A	J	I	K	A	Z	T	A	L	P	R	E	K	N	A
F	W	C	L	F	J	M	E	M	D	N	W	T	G	N	K	W	J	Y
D	H	E	L	T	W	C	H	S	D	M	G	N	G	L	A	U	B	T
Z	Q	C	J	I	A	K	F	O	T	A	N	N	Z	U	B	N	G	N
L	C	S	I	A	N	H	M	A	S	B	S	N	J	N	I	I	O	Y
C	W	O	W	D	A	C	T	L	S	I	E	S	S	L	O	M	D	A

E D N B Z E K U Q K R A F T J Q U Y Y
G O Q R J C N N G U V S H Y Y G L D J
N B P F F Y L L A L L Z L U N U P J B
U V H F R P V F W U R G P W W W N W T
D S R A U S G E G L I C H E N F K L U
N S C H W E L G E N D L S W H E A I M
I N S H M E N L A F H G U L A W V I R
B T N T I V E R S T A E N D N I S V R
T A K Z A Y V V E D P N T Z J X U R O
B X V M U R K Z I A Z W Z B C S G C O
K L X M O Q K R E L B H M I Z I A M K
T A G T M P V E I S I B W P B L D J R
R C Q V A Y I C F R P E E T E F X E O
O H S M C Q B V H U Y X B S A A Q R X
F E W D H M K D G G S D T E H W C I H
O N Q Q T S M E U F K N B I O S T N Z
S R P S V X M S K Z F W N U E E H N X
N B F F G E O L K W O J T G S M C E Q
E G Q G I B S D B T F Z O E M A E R I
G E Z N I R U C C M P R E J T O L U C
Y A S L I X E I M L W V J B J H H N P
F A E T N E M I L P M O K F M N C G J
M H A B X W L A Q N C M E R K T S E E
X R I I T V A Y C J A C Z T P L E N M

11

STARKE BINDUNG
GEMEINSAM LACHEN
MACHT ECHTE KOMPLIMENTE
IN ERINNERUNGEN SCHWELGEN
MERKT SOFORT ES DIR SCHLECHT

AUSGEGLICHEN
VERSTAENDNIS
GIBT KRAFT
LIEBE
FAIR

Lösung

E	D	N	B	Z	E	K	U	Q	K	R	A	F	T	J	Q	U	Y	Y
G	O	Q	R	J	C	N	N	G	U	V	S	H	Y	Y	G	L	D	J
N	B	P	F	F	Y	L	L	A	L	L	Z	L	U	N	U	P	J	B
U	V	H	F	R	P	V	F	W	U	R	G	P	W	W	W	N	W	T
D	S	R	A	U	S	G	E	G	L	I	C	H	E	N	F	K	L	U
N	S	C	H	W	E	L	G	E	N	D	L	S	W	H	E	A	I	M
I	N	S	H	M	E	N	L	A	F	H	G	U	L	A	W	V	I	R
B	T	N	T	I	V	E	R	S	T	A	E	N	D	N	I	S	V	R
T	A	K	Z	A	Y	V	V	E	D	P	N	T	Z	J	X	U	R	O
B	X	V	M	U	R	K	Z	I	A	Z	W	Z	B	C	S	G	C	O
K	L	X	M	O	Q	K	R	E	L	B	H	M	I	Z	I	A	M	K
T	A	G	T	M	P	V	E	I	S	I	B	W	P	B	L	D	J	R
R	C	Q	V	A	Y	I	C	F	R	P	E	E	T	E	F	X	E	O
O	H	S	M	C	Q	B	V	H	U	Y	X	B	S	A	A	Q	R	X
F	E	W	D	H	M	K	D	G	G	S	D	T	E	H	W	C	I	H
O	N	Q	Q	T	S	M	E	U	F	K	N	B	I	O	S	T	N	Z
S	R	P	S	V	X	M	S	K	Z	F	W	N	U	E	E	H	N	X
N	B	F	F	G	E	O	L	K	W	O	J	T	G	S	M	C	E	Q
E	G	Q	G	I	B	S	D	B	T	F	Z	O	E	M	A	E	R	I
G	E	Z	N	I	R	U	C	C	M	P	R	E	J	T	O	L	U	C
Y	A	S	L	I	X	E	I	M	L	W	V	J	B	J	H	H	N	P
F	A	E	T	N	E	M	I	L	P	M	O	K	F	M	N	C	G	J
M	H	A	B	X	W	L	A	Q	N	C	M	E	R	K	T	S	E	E
X	R	I	I	T	V	A	Y	C	J	A	C	Z	T	P	L	E	N	M

L	R	L	G	N	E	H	C	E	R	P	S	R	E	V	F	R	N	R
H	Q	F	M	U	M	J	Q	Y	J	V	N	T	G	Q	B	D	G	G
V	N	O	X	N	K	P	N	N	U	Z	S	I	M	P	W	I	S	F
I	N	B	N	K	Q	Q	O	D	U	R	X	P	Y	U	A	M	J	K
Y	L	G	R	D	A	Q	K	U	W	P	L	L	M	M	N	C	M	O
A	E	J	Z	C	Z	Q	Q	X	C	N	M	E	R	K	T	Y	T	V
H	L	V	L	A	Q	Y	X	E	U	X	A	Q	J	R	F	P	I	C
R	A	D	N	G	S	L	B	Z	F	E	X	Y	V	E	J	J	E	A
I	H	E	K	V	E	R	B	U	N	D	E	N	H	E	I	T	K	N
X	O	Z	L	L	N	U	L	N	H	O	D	J	Z	D	E	W	M	K
O	S	F	N	T	X	N	E	G	E	R	N	T	V	P	B	V	A	A
W	L	T	P	C	O	U	E	A	O	K	F	E	P	A	E	U	S	P
N	M	L	J	F	A	V	I	T	I	A	R	D	E	R	S	N	N	V
A	P	R	O	R	G	T	K	R	I	T	P	J	P	N	T	D	I	Z
L	H	H	T	T	R	D	F	L	R	E	D	Z	J	E	A	A	E	R
E	U	R	H	R	X	M	K	A	B	Q	R	I	Q	H	E	S	M	H
E	E	C	H	E	T	N	U	M	J	C	S	T	U	I	N	J	E	I
V	L	E	P	N	V	T	F	M	H	S	M	T	S	E	D	E	G	D
E	F	L	P	I	H	O	J	R	T	H	W	O	A	Z	I	G	F	E
Z	G	L	B	E	S	K	F	S	U	R	H	R	E	R	G	B	X	T
A	J	G	I	D	E	C	I	P	N	Y	E	H	Z	E	K	F	V	A
E	U	T	H	C	I	S	Z	N	D	C	E	O	U	V	E	E	Z	I
L	L	O	V	R	E	D	N	U	W	A	Z	R	H	L	I	E	V	L
X	D	L	O	A	Z	L	Z	S	N	G	N	U	W	T	T	Y	I	S

12

HAELT VERSPRECHEN
STARKE VERTRAUTHEIT
GERN IN DEINER NAEHE
STREITEN UND VERZEIHEN
HOERT ZU UND MERKT SICH DETAILS

WUNDERVOLL TOLL
BESTAENDIGKEIT
VERBUNDENHEIT
GEMEINSAMKEIT
VERTRAUEN

Lösung

L R L G N E H C E R P S R E V F R N R
H Q F M U M J Q Y J V N T G Q B D G G
V N O X N K P N N U Z S I M P W I S F
I N B N K Q Q O D U R X P Y U A M J K
Y L G R D A Q K U W P L L M M N C M O
A E J Z C Z Q Q X C N M E R K T Y T V
H L V L A Q Y X E U X A Q J R F P I C
R A D N G S L B Z F E X Y V E J J E A
I H E K V E R B U N D E N H E I T K N
X O Z L L N U L N H O D J Z D E W M K
O S F N T X N E G E R N T V P B V A A
W L T P C O U E A O K F E P A E U S P
N M L J F A V I T I A R D E R S N N V
A P R O R G T K R I T P J P N T D I Z
L H H T T R D F L R E D Z J E A A E R
E U R H R X M K A B Q R I Q H E S M H
E E C H E T N U M J C S T U I N J E I
V L E P N V T F M H S M T S E D E G D
E F L P I H O J R T H W O A Z I G F E
Z G L B E S K F S U R H R E R G B X T
A J G I D E C I P N Y E H Z E K F V A
E U T H C I S Z N D C E O U V E E Z I
L L O V R E D N U W A Z R H L I E V L
X D L O A Z L Z S N G N U W T T Y I S

V	O	Z	K	O	B	N	S	J	H	E	J	E	E	V	W	D	B	J
W	I	N	T	R	O	U	K	L	J	Y	R	A	D	N	A	B	B	A
Z	D	M	L	H	D	F	P	B	P	D	S	F	M	P	J	P	D	N
B	L	O	M	G	P	I	E	T	A	E	T	V	O	L	L	I	E	I
V	Y	V	E	Q	G	O	N	J	P	R	E	U	H	D	J	N	A	R
E	T	U	G	H	J	N	V	K	I	B	R	J	C	T	G	D	F	E
J	A	P	V	R	K	C	U	K	E	Z	G	R	W	E	F	W	D	L
S	G	K	M	F	N	P	G	L	T	F	X	L	S	Y	M	G	Z	H
O	T	E	G	Q	S	Y	L	B	O	Y	Y	Z	J	I	Y	D	E	E
L	V	S	R	S	O	A	V	M	D	H	I	I	G	B	X	F	I	A
T	G	I	A	Q	E	B	S	Z	R	V	R	L	U	K	K	L	M	Z
S	R	E	R	S	F	V	M	B	V	T	U	E	D	O	K	C	U	R
B	U	Z	L	N	M	H	D	Q	I	E	A	V	E	H	K	G	T	E
L	C	K	L	J	Z	O	C	L	C	L	R	J	Z	F	N	A	M	N
E	N	E	S	S	A	L	A	K	I	D	J	M	R	Q	Z	H	A	E
S	F	O	W	B	Y	Y	S	L	V	B	A	N	I	E	S	E	C	T
K	F	C	M	E	L	M	E	E	Q	C	R	D	I	Z	N	B	H	H
F	A	B	P	L	O	N	V	K	S	P	W	O	B	P	D	I	E	C
Y	E	X	D	M	H	G	Q	K	C	V	N	A	V	N	C	N	R	I
O	E	V	E	W	D	L	E	B	A	D	N	E	P	S	Y	M	I	H
S	N	N	R	B	N	S	K	N	M	Y	M	O	M	K	C	S	N	C
R	T	T	L	T	Y	F	Z	T	E	I	L	H	A	B	E	N	B	S
E	Q	M	R	P	R	H	Z	U	V	Y	I	W	H	X	U	H	O	E
N	Y	J	E	A	V	E	Q	B	L	Z	C	C	L	L	Q	W	B	G

13

MUTMACHERIN
GLUECKSMOMENTE
TEILHABEN LASSEN
PIETAETVOLL SEIN
GUTE GESCHICHTENERZAEHLERIN

ENGES BAND
SPENDABEL
ERHOLUNG
SELBSTLOS
VORBILD

Lösung

V	O	Z	K	O	B	N	S	J	H	E	J	E	E	V	W	D	B	J
W	I	N	T	R	O	U	K	L	J	Y	R	A	D	N	A	B	B	A
Z	D	M	L	H	D	F	P	B	P	D	S	F	M	P	J	P	D	N
B	L	O	M	G	P	I	E	T	A	E	T	V	O	L	L	I	E	I
V	Y	V	E	Q	G	O	N	J	P	R	E	U	H	D	J	N	A	R
E	T	U	G	H	J	N	V	K	I	B	R	J	C	T	G	D	F	E
J	A	P	V	R	K	C	U	K	E	Z	G	R	W	E	F	W	D	L
S	G	K	M	F	N	P	G	L	T	F	X	L	S	Y	M	G	Z	H
O	T	E	G	Q	S	Y	L	B	O	Y	Y	Z	J	I	Y	D	E	E
L	V	S	R	S	O	A	V	M	D	H	I	I	G	B	X	F	I	A
T	G	I	A	Q	E	B	S	Z	R	V	R	L	U	K	K	L	M	Z
S	R	E	R	S	F	V	M	B	V	T	U	E	D	O	K	C	U	R
B	U	Z	L	N	M	H	D	Q	I	E	A	V	E	H	K	G	T	E
L	C	K	L	J	Z	O	C	L	C	L	R	J	Z	F	N	A	M	N
E	N	E	S	S	A	L	A	K	I	D	J	M	R	Q	Z	H	A	E
S	F	O	W	B	Y	Y	S	L	V	B	A	N	I	E	S	E	C	T
K	F	C	M	E	L	M	E	E	Q	C	R	D	I	Z	N	B	H	H
F	A	B	P	L	O	N	V	K	S	P	W	O	B	P	D	I	E	C
Y	E	X	D	M	H	G	Q	K	C	V	N	A	V	N	C	N	R	I
O	E	V	E	W	D	L	E	B	A	D	N	E	P	S	Y	M	I	H
S	N	N	R	B	N	S	K	N	M	Y	M	O	M	K	C	S	N	C
R	T	T	L	T	Y	F	Z	T	E	I	L	H	A	B	E	N	B	S
E	Q	M	R	P	R	H	Z	U	V	Y	I	W	H	X	U	H	O	E
N	Y	J	E	A	V	E	Q	B	L	Z	C	C	L	L	Q	W	B	G

F	E	W	Z	N	H	C	J	P	W	O	L	I	Y	V	V	A	Q	G
Q	Z	E	I	N	E	M	I	G	G	Q	B	Y	T	E	E	U	Y	O
H	B	N	K	U	A	X	X	V	L	U	Y	B	L	U	K	A	I	O
N	Y	G	W	J	C	H	P	W	S	V	F	O	Y	Z	X	L	B	R
C	V	E	R	T	R	A	U	E	N	T	E	T	W	L	X	H	G	T
G	B	L	R	C	O	U	G	O	S	X	J	O	Q	H	H	C	R	N
U	H	E	Z	X	F	E	D	E	D	P	H	D	X	O	E	S	H	I
I	Z	M	R	U	S	N	G	D	E	L	U	E	S	M	R	H	U	E
Z	H	Y	C	E	D	U	D	D	W	M	V	W	X	E	Z	T	J	L
Y	B	M	M	F	I	J	A	O	U	O	N	H	B	V	L	G	J	R
G	L	X	A	Y	S	C	L	R	C	U	F	A	W	G	I	B	J	T
E	I	A	T	B	D	L	H	F	O	M	X	S	I	F	C	U	I	L
S	N	Z	K	M	E	X	H	E	P	V	Z	F	W	Z	H	D	Y	M
C	D	G	N	N	U	H	H	H	R	Q	Q	R	Z	D	D	V	M	X
H	S	V	E	U	Y	H	L	F	A	U	J	M	K	K	G	P	H	N
E	C	H	D	R	P	Y	F	G	X	R	N	J	H	R	B	M	L	K
N	B	I	M	Z	F	J	A	T	D	Z	X	G	L	A	D	V	G	K
K	T	E	M	K	C	M	T	X	Q	K	H	P	K	T	C	I	B	W
U	P	O	K	B	G	J	J	U	Q	E	P	Y	A	S	U	T	R	W
Y	D	D	P	N	E	X	M	K	L	G	N	Y	Z	U	X	A	M	O
A	Q	N	O	G	U	C	Z	N	N	J	V	Z	H	Q	D	E	S	A
L	L	G	W	N	H	C	S	I	T	N	E	H	T	U	A	R	D	I
O	P	C	U	O	C	F	B	A	H	T	Z	J	Q	A	F	K	F	D
I	T	V	G	C	Q	R	B	X	A	L	C	R	T	I	Z	N	R	X

EIN GESCHENK
AUTHENTISCH
DENKT VORAUS
BLIND VERTRAUEN
EINE BEREICHERUNG

WOHLWOLLEN
HERZLICH
KREATIV
SCHLAU
STARK

Lösung

F	E	W	Z	N	H	C	J	P	W	O	L	I	Y	V	V	A	Q	G
Q	Z	E	I	N	E	M	I	G	G	Q	B	Y	T	E	E	U	Y	O
H	B	N	K	U	A	X	X	V	L	U	Y	B	L	U	K	A	I	O
N	Y	G	W	J	C	H	P	W	S	V	F	O	Y	Z	X	L	B	R
C	V	E	R	T	R	A	U	E	N	T	E	T	W	L	X	H	G	T
G	B	L	R	C	O	U	G	O	S	X	J	O	Q	H	H	C	R	N
U	H	E	Z	X	F	E	D	E	D	P	H	D	X	O	E	S	H	I
I	Z	M	R	U	S	N	G	D	E	L	U	E	S	M	R	H	U	E
Z	H	Y	C	E	D	U	D	D	W	M	V	W	X	E	Z	T	J	L
Y	B	M	M	F	I	J	A	O	U	O	N	H	B	V	L	G	J	R
G	L	X	A	Y	S	C	L	R	C	U	F	A	W	G	I	B	J	T
E	I	A	T	B	D	L	H	F	O	M	X	S	I	F	C	U	I	L
S	N	Z	K	M	E	X	H	E	P	V	Z	F	W	Z	H	D	Y	M
C	D	G	N	N	U	H	H	H	R	Q	Q	R	Z	D	D	V	M	X
H	S	V	E	U	Y	H	L	F	A	U	J	M	K	K	G	P	H	N
E	C	H	D	R	P	Y	F	G	X	R	N	J	H	R	B	M	L	K
N	B	I	M	Z	F	J	A	T	D	Z	X	G	L	A	D	V	G	K
K	T	E	M	K	C	M	T	X	Q	K	H	P	K	T	C	I	B	W
U	P	O	K	B	G	J	J	U	Q	E	P	Y	A	S	U	T	R	W
Y	D	D	P	N	E	X	M	K	L	G	N	Y	Z	U	X	A	M	O
A	Q	N	O	G	U	C	Z	N	N	J	V	Z	H	Q	D	E	S	A
L	L	G	W	N	H	C	S	I	T	N	E	H	T	U	A	R	D	I
O	P	C	U	O	C	F	B	A	H	T	Z	J	Q	A	F	K	F	D
I	T	V	G	C	Q	R	B	X	A	L	C	R	T	I	Z	N	R	X

Q	I	U	J	M	A	E	O	S	A	D	C	B	G	E	B	Y	Q	C
K	X	D	S	M	Q	D	K	R	Q	P	Z	B	P	L	S	O	H	E
Y	F	S	I	S	J	T	Y	E	F	F	R	F	X	R	J	I	N	I
T	K	E	E	R	I	N	K	V	P	R	S	R	T	W	Z	O	C	M
M	D	Q	M	A	Q	N	G	V	R	O	P	D	G	U	U	U	O	H
C	J	N	A	D	A	A	E	P	E	P	O	J	R	N	S	N	R	N
B	M	I	S	G	W	P	L	F	U	D	S	Q	O	A	A	E	N	A
L	J	L	N	C	I	S	F	U	F	U	F	H	S	Y	M	R	I	A
Y	N	K	I	M	E	T	N	P	P	T	R	J	T	Z	M	E	R	L
V	T	U	E	E	N	N	N	E	N	X	W	X	E	V	E	I	E	J
E	Y	Q	M	Z	Q	E	R	O	G	W	G	S	U	D	N	T	N	F
W	A	Y	E	B	Q	H	O	D	U	V	S	C	F	Z	H	U	N	K
T	Z	O	G	E	E	N	G	Q	C	I	M	W	K	F	A	K	E	R
A	B	E	A	L	F	Y	M	C	N	O	S	F	M	T	L	S	O	K
F	L	D	D	J	S	O	U	M	M	D	Y	W	U	L	T	I	K	S
R	K	I	Z	Y	G	S	I	E	K	W	L	W	Z	E	O	D	S	G
F	N	Q	P	C	G	E	N	K	E	C	N	X	L	A	L	N	E	V
V	L	C	X	P	H	T	T	S	R	H	P	W	Z	H	L	I	L	K
H	C	I	S	E	E	P	H	G	E	R	O	D	M	E	E	A	L	Z
V	C	K	G	T	H	C	E	R	E	G	D	Z	P	B	N	I	A	M
K	N	T	Y	T	P	T	R	V	P	I	Y	W	I	G	I	T	U	M
D	D	E	A	K	A	J	S	Q	A	D	G	T	Q	Y	T	Y	Q	U
Y	N	Y	U	S	Z	P	F	I	V	X	H	E	P	W	L	B	I	F
D	Q	B	K	M	J	C	O	D	L	F	R	S	A	I	O	U	N	D

15

DISKUTIEREN
ZUSAMMENHALT
ALLESKOENNERIN
TOLLE GEMEINSAME MOMENTE
BEHAELT GEHEIMNISSE FUER SICH

SUPERHELDIN
SORGT SICH
ENTSPANNT
GERECHT
MUTIG

Lösung

Q I U J M A E O S A D C B G E B Y Q C

K X D S M Q D K R Q P Z B P L S O H E

Y F S I S J T Y E F F R F X R J I N I

T K E E R I N K V P R S R T W Z O C M

M D Q M A Q N G V R O P D G U U U O H

C J N A D A A E P E P O J R N S N R N

B M I S G W P L F U D S Q O A A E N A

L J L N C I S F U F U F H S Y M R I A

Y N K I M E T N P P T R J T Z M E R L

V T U E E N N N E N X W X E V E I E J

E Y Q M Z Q E R O G W G S U D N T N F

W A Y E B Q H O D U V S C F Z H U N K

T Z O G E E N G Q C I M W K F A K E R

A B E A L F Y M C N O S F M T L S O K

F L D D J S O U M M D Y W U L T I K S

R K I Z Y G S I E K W L W Z E O D S G

F N Q P C G E N K E C N X L A L N E V

V L C X P H T T S R H P W Z H L I L K

H C I S E E P H G E R O D M E E A L Z

V C K G T H C E R E G D Z P B N I A M

K N T Y T P T R V P I Y W I G I T U M

D D E A K A J S Q A D G T Q Y T Y Q U

Y N Y U S Z P F I V X H E P W L B I F

D Q B K M J C O D L F R S A I O U N D

D R T J S Z Q I J S M Y R R J X P J X
I U M W R J U S I E E A M R S Y N Q W
O X M N G O B V O B H I U C Z N U B A
D G K W E P O L D W X V M Q R Z C K I
I P R P G M R B H W G I K U P E O Q X
U Q R X N L T A U C H F E H A N B R T
T F Q L E J X I U N N J C Z S Q X E A
V F H C I L R H E U P S N E H G M P U
R I U Q D E O U T H I C Q B X Z W R H
K A H I W K B X V T N U B X K C R G Z
I D Q P U T K L A H E E S Q Q G U B H
E I Q B F P A M I N G R D S E L L A S
N M R L L T S N T N Q I T N T H T R Y
O B J P E I I E E S G B O V U A Y G G
M U L X R V I T A R W S Z Z U B N Q K
A P I A U I C U H N K Z M F J D R P E
H V H Q P R O R R E L E Z E F I G E E
E C K E M P N R B S S B N N N Y S Q V
R G F S V T Y G Z J O S P N E S B T M
Z O G O N I R E B E G T A R U D C C C
Y Q O N S L X R J S Q L E L V N E H Z
K N T G I E Z U D H Y C X T R Z G R Z
W K Z I X W Y D Y P X I D V J E N R E
B Q H B S Q D C D Z Q F N T I F V Q X

16

LIEBLINGSMENSCH
AUF SIE IST VERLASS
UEBER ALLES REDEN
ZEIGT ANERKENNUNG
ENGE VERBUNDENHEIT
CHARISMATISCH
KONSEQUENT
RATGEBERIN
OMAHERZ
EHRLICH

Lösung

D	R	T	J	S	Z	Q	I	J	S	M	Y	R	R	J	X	P	J	X
I	U	M	W	R	J	U	S	I	E	E	A	M	R	S	Y	N	Q	W
O	X	M	N	G	O	B	V	O	B	H	I	U	C	Z	N	U	B	A
D	G	K	W	E	P	O	L	D	W	X	V	M	Q	R	Z	C	K	I
I	P	R	P	G	M	R	B	H	W	G	I	K	U	P	E	O	Q	X
U	Q	R	X	N	L	T	A	U	C	H	F	E	H	A	N	B	R	T
T	F	Q	L	E	J	X	I	U	N	N	J	C	Z	S	Q	X	E	A
V	F	H	C	I	L	R	H	E	U	P	S	N	E	H	G	M	P	U
R	I	U	Q	D	E	O	U	T	H	I	C	Q	B	X	Z	W	R	H
K	A	H	I	W	K	B	X	V	T	N	U	B	X	K	C	R	G	Z
I	D	Q	P	U	T	K	L	A	H	E	E	S	Q	Q	G	U	B	H
E	I	Q	B	F	P	A	M	I	N	G	R	D	S	E	L	L	A	S
N	M	R	L	L	T	S	N	T	N	Q	I	T	N	T	H	T	R	Y
O	B	J	P	E	I	I	E	E	S	G	B	O	V	U	A	Y	G	G
M	U	L	X	R	V	I	T	A	R	W	S	Z	Z	U	B	N	Q	K
A	P	I	A	U	I	C	U	H	N	K	Z	M	F	J	D	R	P	E
H	V	H	Q	P	R	O	R	R	E	L	E	Z	E	F	I	G	E	E
E	C	K	E	M	P	N	R	B	S	S	B	N	N	N	Y	S	Q	V
R	G	F	S	V	T	Y	G	Z	J	O	S	P	N	E	S	B	T	M
Z	O	G	O	N	I	R	E	B	E	G	T	A	R	U	D	C	C	C
Y	Q	O	N	S	L	X	R	J	S	Q	L	E	L	V	N	E	H	Z
K	N	T	G	I	E	Z	U	D	H	Y	C	X	T	R	Z	G	R	Z
W	K	Z	I	X	W	Y	D	Y	P	X	I	D	V	J	E	N	R	E
B	Q	H	B	S	Q	D	C	D	Z	Q	F	N	T	I	F	V	Q	X

T	R	O	S	T	T	T	G	N	U	H	V	V	W	I	Z	N	H	H
F	A	C	P	Q	T	S	M	N	L	Q	U	P	U	K	W	T	I	P
I	I	L	U	S	G	U	S	Y	U	R	Z	C	O	J	L	G	L	E
O	F	E	L	C	I	T	M	U	T	N	B	U	E	T	D	W	P	P
E	Q	S	X	E	D	P	H	B	W	M	N	M	S	V	N	D	T	W
B	X	U	U	T	I	Q	Q	I	P	E	O	E	Z	P	U	T	C	L
M	Q	R	C	N	E	N	S	K	L	T	B	P	K	W	R	A	U	W
R	D	M	A	X	T	L	V	J	I	F	D	T	Q	R	S	U	G	Y
Q	M	M	H	E	R	P	U	O	F	M	T	T	H	C	E	M	C	T
G	R	T	G	F	E	Y	N	R	K	I	X	V	T	C	H	N	J	H
Z	I	L	V	P	V	A	Z	E	I	G	T	S	U	J	I	J	A	G
R	E	M	M	I	L	A	E	Q	L	O	R	J	G	R	Q	L	H	X
R	Z	Q	H	O	F	M	P	D	Y	K	A	J	P	W	D	P	F	C
E	G	M	T	I	E	K	H	C	I	L	T	E	U	M	E	G	T	P
U	J	A	S	C	F	W	M	C	J	N	H	U	C	O	R	V	K	P
A	J	V	J	Y	A	U	F	R	I	C	H	T	I	G	S	F	Z	O
Z	E	I	N	E	N	Y	A	J	Y	F	T	K	D	S	E	A	P	F
H	B	A	Y	N	A	W	U	X	W	Y	M	Y	E	G	B	K	D	X
Z	M	E	V	K	C	A	M	Q	R	J	R	K	X	V	G	Z	O	Z
S	H	A	G	G	Q	P	P	L	Z	I	O	S	U	Y	F	B	X	P
T	B	C	J	V	S	U	H	X	P	T	T	N	S	D	M	P	L	M
J	J	H	G	D	I	M	Z	X	U	Z	T	T	A	R	N	W	P	L
U	L	H	F	D	G	N	U	Z	T	E	A	H	C	S	T	R	E	W
P	Q	I	O	B	J	I	N	E	D	M	J	P	U	M	M	I	U	Q

17

GEMUETLICHKEIT
PFLICHTBEWUSST
VERTEIDIGT EINEN
TROST UND ZUSPRUCH
ZEIGT WERTSCHAETZUNG

ANERKENNUNG
HILFT IMMER
AUFRICHTIG
EMOTIONAL
NIE ALLEIN

Lösung

T	R	O	S	T	T	T	G	N	U	H	V	V	W	I	Z	N	H	H
F	A	C	P	Q	T	S	M	N	L	Q	U	P	U	K	W	T	I	P
I	I	L	U	S	G	U	S	Y	U	R	Z	C	O	J	L	G	L	E
O	F	E	L	C	I	T	M	U	T	N	B	U	E	T	D	W	P	P
E	Q	S	X	E	D	P	H	B	W	M	N	M	S	V	N	D	T	W
B	X	U	U	T	I	Q	Q	I	P	E	O	E	Z	P	U	T	C	L
M	Q	R	C	N	E	N	S	K	L	T	B	P	K	W	R	A	U	W
R	D	M	A	X	T	L	V	J	I	F	D	T	Q	R	S	U	G	Y
Q	M	M	H	E	R	P	U	O	F	M	T	T	H	C	E	M	C	T
G	R	T	G	F	E	Y	N	R	K	I	X	V	T	C	H	N	J	H
Z	I	L	V	P	V	A	Z	E	I	G	T	S	U	J	I	J	A	G
R	E	M	M	I	L	A	E	Q	L	O	R	J	G	R	Q	L	H	X
R	Z	Q	H	O	F	M	P	D	Y	K	A	J	P	W	D	P	F	C
E	G	M	T	I	E	K	H	C	I	L	T	E	U	M	E	G	T	P
U	J	A	S	C	F	W	M	C	J	N	H	U	C	O	R	V	K	P
A	J	V	J	Y	A	U	F	R	I	C	H	T	I	G	S	F	Z	O
Z	E	I	N	E	N	Y	A	J	Y	F	T	K	D	S	E	A	P	F
H	B	A	Y	N	A	W	U	X	W	Y	M	Y	E	G	B	K	D	X
Z	M	E	V	K	C	A	M	Q	R	J	R	K	X	V	G	Z	O	Z
S	H	A	G	G	Q	P	P	L	Z	I	O	S	U	Y	F	B	X	P
T	B	C	J	V	S	U	H	X	P	T	T	N	S	D	M	P	L	M
J	J	H	G	D	I	M	Z	X	U	Z	T	T	A	R	N	W	P	L
U	L	H	F	D	G	N	U	Z	T	E	A	H	C	S	T	R	E	W
P	Q	I	O	B	J	I	N	E	D	M	J	P	U	M	M	I	U	Q

H	L	P	J	L	R	L	T	V	W	X	O	H	A	S	G	V	W	F
P	A	U	U	Z	A	W	C	N	E	G	I	E	Z	D	T	O	K	N
B	Q	A	D	D	U	I	S	G	S	R	H	N	J	D	R	P	U	V
J	A	Q	U	A	L	I	T	Y	P	F	E	W	M	T	L	D	W	V
S	S	M	H	N	F	D	J	G	U	A	C	P	E	B	A	N	B	U
I	I	Q	O	U	O	E	L	M	I	T	E	H	N	L	C	U	S	R
C	S	M	V	K	H	Z	W	A	F	M	W	T	I	C	H	R	F	Y
H	T	X	H	E	N	H	Q	X	I	G	S	A	E	T	E	A	E	C
F	E	J	N	A	E	V	V	T	Y	R	Y	G	E	S	N	E	C	W
J	K	O	Q	D	B	D	X	G	N	E	Y	A	X	R	O	I	O	I
X	T	D	B	X	D	G	H	O	B	N	X	R	G	D	M	D	K	G
P	G	S	I	C	H	B	W	N	R	Z	K	E	O	J	G	E	R	L
J	N	D	N	Q	S	E	X	V	D	E	Y	R	I	H	C	U	A	Q
L	I	T	Z	L	B	S	A	C	Y	N	S	G	T	W	C	K	E	N
B	R	L	U	M	U	O	E	G	U	G	C	P	U	Z	Z	P	I	B
T	B	H	G	M	Z	N	U	K	I	M	P	U	E	Z	T	N	F	L
M	R	N	O	W	U	N	T	K	B	T	A	U	N	K	V	E	S	G
R	E	D	I	E	X	E	R	G	J	P	R	R	S	N	T	C	S	W
N	V	B	T	I	I	N	J	Y	O	B	E	A	M	Z	O	O	F	G
V	M	E	W	N	W	L	I	Q	Y	E	M	T	S	E	B	G	U	I
D	N	E	B	E	G	T	A	R	G	K	R	R	X	S	N	F	O	X
W	N	K	J	N	C	K	O	F	X	M	I	V	K	R	O	T	G	U
Y	C	G	R	W	D	E	M	G	H	F	X	S	O	X	T	R	A	D
B	K	H	K	G	D	F	O	N	E	H	E	T	S	R	E	V	G	B

18

RESPEKT ZEIGEN
LACHEN UND WEINEN
OMA IST GROSSARTIG
SICH AUCH OHNE WORTE VERSTEHEN
VERBRINGT QUALITY TIME MIT EINEM

SETZT GRENZEN
SICH UMARMEN
RATGEBEND
BESONNEN
WAERME

Lösung

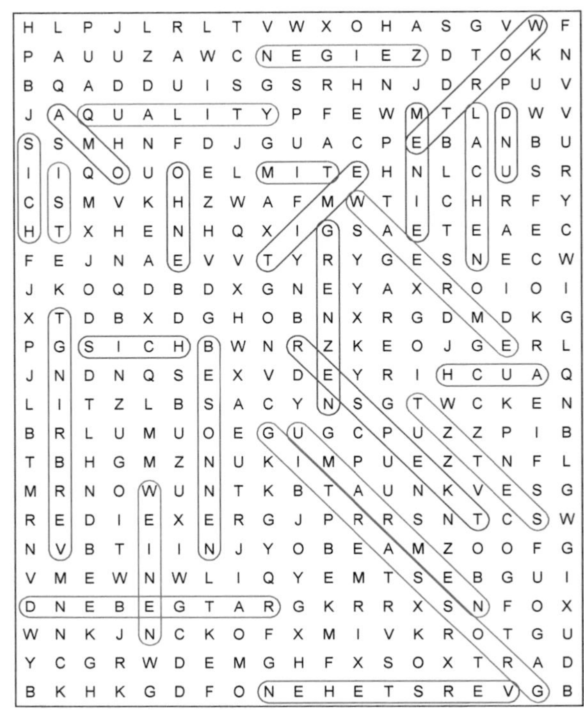

DAS

OPA

WORTSUCHRÄTSEL BUCH

L X V T F K I V P G T A U S E N D H I
A Q X H M Y D S T T S P Y H N F D X W
I U N C Y A U K D I L A N X S X R W H
S P V A B S G C V L N I E S V R F K Q
Y T J M E A E H E B X J J M A P Z O S
I D A R F U M A R A D O P J T I O M Z
Q D N S U E E R G D I R M C I M Y P U
T I A A T I I I A U U Q A B A M A L P
K R X U U N N S N L R I F C R E M I H
N T R K Z M S M G I X G U O O R R M G
U A T X G A A A E L X B E H C I D E G
F G R B Z L M T N F A R R B C I V N E
T L E O K I E I H B J S E R R P T T H
L E I D F G G S E W H Z Q N O M H E T
K Y T L A E V C I A I Z W K H D C Z I
D T K J J A J H T E L V J W A Q E X D
H K E J I E B N H L K W W N J S L A Z
E R P Z I F H U T F M A K G M O H O K
O G S J C I N V E P E F R S C F C Z Q
H S E T H G G R E N Z E N U X O S F D
E S R J T L H E V E C H T E J R B M L
U G D U E R F X J A U M E R K T S H I
Y Z C A M S B S E N R Y E X K B C P T
H S M L C P V G D X G V N P T I V R J

1

EINMALIGE BEZIEHUNG
BEI DIR DARF ICH ICH SEIN
MACHT ECHTE KOMPLIMENTE
GEMEINSAME VERGANGENHEIT
MERKT SOFORT ES GEHT DIR SCHLECHT
RESPEKTIERT GRENZEN
IMMER FUER DICH DA
FREUD UND LEID
CHARISMATISCH
TAUSEND DANK

Lösung

L X V T F K I V P G T A U S E N D H I
A Q X H M Y D S T T S P Y H N F D X W
I U N C Y A U K D I L A N X S X R W H
S P V A B S G C V L N I E S V R F K Q
Y T J M E A E H E B X J J M A P Z O S
I D A R F U M A R A D O P J T I O M Z
Q D N S U E E R G D I R M C I M Y P U
T I A A T I I I A U U Q A B A M A L P
K R X U U N N S N L R I F C R E M I H
N T R K Z M S M G I X G U O O R R M G
U A T X G A A A E L X B E H C I D E G
F G R B Z L M T N F A R R B C I V N E
T L E O K I E I H B J S E R R P T T H
L E I D F G G S E W H Z Q N O M H E T
K Y T L A E V C I A I Z W K H D C Z I
D T K J J A J H T E L V J W A Q E X D
H K E J I E B N H L K W W N J S L A Z
E R P Z I F H U T F M A K G M O H O K
O G S J C I N V E P E F R S C F C Z Q
H S E T H G G R E N Z E N U X O S F D
E S R J T L H E V E C H T E J R B M L
U G D U E R F X J A U M E R K T S H I
Y Z C A M S B S E N R Y E X K B C P T
H S M L C P V G D X G V N P T I V R J

S	Q	U	A	L	I	T	Y	D	M	T	S	V	B	P	T	D	W	R
H	A	J	S	E	V	T	H	C	A	R	T	N	I	E	P	Y	H	M
E	Y	G	V	Q	C	Z	V	A	Z	T	X	W	A	G	N	Q	T	G
R	J	J	N	F	D	J	C	N	D	Z	V	H	D	T	N	V	J	P
Z	N	E	U	N	B	E	Z	A	H	L	B	A	R	S	W	C	X	G
E	C	K	K	R	K	D	U	E	V	U	Q	J	G	P	L	E	P	T
N	T	O	M	N	S	U	H	T	B	E	S	C	H	E	I	D	E	N
S	X	E	J	G	J	D	B	J	C	T	E	M	L	N	T	M	L	Y
A	T	H	H	K	V	M	R	R	X	D	C	A	R	D	M	P	S	I
N	Q	K	I	O	X	R	E	C	X	M	V	G	F	E	X	Q	V	T
G	S	Z	R	E	N	T	I	N	S	L	E	B	R	N	F	Q	Q	S
E	K	Q	S	D	D	P	R	H	I	R	V	E	N	T	W	M	H	O
L	Z	E	F	N	H	D	L	B	E	E	Z	N	H	Q	U	F	X	R
E	D	B	E	S	T	E	B	C	A	T	Z	O	U	B	N	R	D	T
G	Z	D	M	B	T	K	H	L	E	N	X	E	V	E	A	D	K	O
E	N	S	I	N	D	T	B	U	M	E	Z	E	P	K	M	N	O	E
N	B	A	T	O	I	W	H	L	R	X	R	Z	K	X	I	I	L	F
H	I	P	A	I	T	C	N	N	K	B	B	S	E	E	M	L	T	X
E	W	E	S	J	S	R	M	W	R	Z	P	S	O	N	P	D	B	Z
I	N	T	L	E	N	Q	Y	I	B	H	B	G	T	G	X	E	P	E
T	V	N	B	L	F	Y	N	C	Y	D	D	D	Z	F	M	F	R	A
D	C	R	B	I	A	G	P	V	E	X	Q	G	L	G	A	V	K	A
P	F	E	B	I	T	U	G	R	O	S	B	Q	H	Q	I	J	D	O
W	F	E	V	Y	A	S	F	N	D	Z	H	F	E	E	F	I	X	U

BESCHUETZER
UNBEZAHLBAR
TROST SPENDEN
HERZENSANGELEGENHEIT
VERBRINGT QUALITY TIME MIT EINEM

BESCHEIDEN
NIE ALLEIN
EINTRACHT
DER BESTE
GERECHT

Lösung

S	Q	U	A	L	I	T	Y	D	M	T	S	V	B	P	T	D	W	R
H	A	J	S	E	V	T	H	C	A	R	T	N	I	E	P	Y	H	M
E	Y	G	V	Q	C	Z	V	A	Z	T	X	W	A	G	N	Q	T	G
R	J	J	N	F	D	J	C	N	D	Z	V	H	D	T	N	V	J	P
Z	N	E	U	N	B	E	Z	A	H	L	B	A	R	S	W	C	X	G
E	C	K	K	R	K	D	U	E	V	U	Q	J	G	P	L	E	P	T
N	T	O	M	N	S	U	H	T	B	E	S	C	H	E	I	D	E	N
S	X	E	J	G	J	D	B	J	C	T	E	M	L	N	T	M	L	Y
A	T	H	H	K	V	M	R	R	X	D	C	A	R	D	M	P	S	I
N	Q	K	I	O	X	R	E	C	X	M	V	G	F	E	X	Q	V	T
G	S	Z	R	E	N	T	I	N	S	L	E	B	R	N	F	Q	Q	S
E	K	Q	S	D	D	P	R	H	I	R	V	E	N	T	W	M	H	O
L	Z	E	F	N	H	D	L	B	E	E	Z	N	H	Q	U	F	X	R
E	D	B	E	S	T	E	B	C	A	T	Z	O	U	B	N	R	D	T
G	Z	D	M	B	T	K	H	L	E	N	X	E	V	E	A	D	K	O
E	N	S	I	N	D	T	B	U	M	E	Z	E	P	K	M	N	O	E
N	B	A	T	O	I	W	H	L	R	X	R	Z	K	X	I	I	L	F
H	I	P	A	I	T	C	N	N	K	B	B	S	E	E	M	L	T	X
E	W	E	S	J	S	R	M	W	R	Z	P	S	O	N	P	D	B	Z
I	N	T	L	E	N	Q	Y	I	B	H	B	G	T	G	X	E	P	E
T	V	N	B	L	F	Y	N	C	Y	D	D	D	Z	F	M	F	R	A
D	C	R	B	I	A	G	P	V	E	X	Q	G	L	G	A	V	K	A
P	F	E	B	I	T	U	G	R	O	S	B	Q	H	Q	I	J	D	O
W	F	E	V	Y	A	S	F	N	D	Z	H	F	E	E	F	I	X	U

C	B	T	N	F	X	X	N	G	Y	A	E	S	L	Z	P	T	H	B
N	E	S	E	P	K	Q	B	P	W	W	P	H	N	E	N	I	E	W
A	K	L	D	B	T	D	F	F	X	Q	R	O	N	N	A	I	U	N
D	O	K	E	P	L	A	E	S	S	T	T	K	L	R	Z	K	E	S
J	U	U	R	A	X	I	N	U	T	O	C	X	O	I	H	F	A	A
B	J	F	S	Q	E	T	B	I	J	N	G	H	D	D	R	R	T	A
X	X	O	U	I	B	M	M	S	O	G	I	I	I	E	H	B	L	A
U	N	D	A	Z	D	N	F	A	I	R	R	E	U	V	I	E	U	H
L	E	I	D	E	T	B	E	Q	K	J	L	D	S	G	T	F	U	R
Q	J	M	X	B	V	H	E	Z	C	F	K	N	U	X	R	U	O	M
Q	E	W	K	V	Y	Q	C	I	T	Z	E	Z	Z	I	H	Q	L	H
K	C	A	Z	C	Q	X	M	I	L	E	E	J	C	Y	P	O	D	Z
K	E	E	G	I	S	N	A	T	L	B	U	H	D	Z	V	N	W	K
F	K	D	J	P	U	A	Q	D	Y	G	T	H	Q	I	E	V	O	Q
T	C	Z	P	R	J	P	U	J	N	I	R	U	C	G	R	N	V	R
Z	Z	L	M	B	L	H	S	I	G	N	G	O	A	S	S	S	T	L
G	J	D	U	A	Q	U	T	Q	I	K	E	L	S	T	E	O	H	G
M	H	B	B	Q	L	N	U	D	I	K	K	H	R	R	N	B	M	O
J	T	L	T	C	Y	A	U	T	Z	E	N	U	C	I	E	Y	A	S
J	B	X	S	R	V	V	I	X	X	O	K	K	J	A	G	U	T	D
Y	L	I	H	R	Y	R	T	D	I	T	N	V	A	M	L	V	F	W
R	R	Q	W	T	K	N	A	S	I	G	B	J	M	V	Y	Y	L	W
H	K	Y	C	Y	T	J	M	V	X	D	N	T	Z	L	W	G	O	V
Q	H	J	V	B	N	F	E	C	I	X	V	V	H	B	Q	H	T	F

LEIDET MIT DIR
LAESST AUSREDEN
LACHEN UND WEINEN
GIBT KONSTRUKTIVE KRITIK
SEIN LEID KLAGEN DUERFEN

FUERSORGLICH
BESCHUETZEN
AUFRICHTIG
LIEB
FAIR

Lösung

C	B	T	N	F	X	X	N	G	Y	A	E	S	L	Z	P	T	H	B
N	E	S	E	P	K	Q	B	P	W	W	P	H	N	E	N	I	E	W
A	K	L	D	B	T	D	F	F	X	Q	R	O	N	N	A	I	U	N
D	O	K	E	P	L	A	E	S	S	T	T	K	L	R	Z	K	E	S
J	U	U	R	A	X	I	N	U	T	O	C	X	O	I	H	F	A	A
B	J	F	S	Q	E	T	B	I	J	N	G	H	D	D	R	R	T	A
X	X	O	U	I	B	M	M	S	O	G	I	I	I	E	H	B	L	A
U	N	D	A	Z	D	N	F	A	I	R	R	E	U	V	I	E	U	H
L	E	I	D	E	T	B	E	Q	K	J	L	D	S	G	T	F	U	R
Q	J	M	X	B	V	H	E	Z	C	F	K	N	U	X	R	U	O	M
Q	E	W	K	V	Y	Q	C	I	T	Z	E	Z	Z	I	H	Q	L	H
K	C	A	Z	C	Q	X	M	I	L	E	E	J	C	Y	P	O	D	Z
K	E	E	G	I	S	N	A	T	L	B	U	H	D	Z	V	N	W	K
F	K	D	J	P	U	A	Q	D	Y	G	T	H	Q	I	E	V	O	Q
T	C	Z	P	R	J	P	U	J	N	I	R	U	C	G	R	N	V	R
Z	Z	L	M	B	L	H	S	I	G	N	G	O	A	S	S	S	T	L
G	J	D	U	A	Q	U	T	Q	I	K	E	L	S	T	E	O	H	G
M	H	B	B	Q	L	N	U	D	I	K	K	H	R	R	N	B	M	O
J	T	L	T	C	Y	A	U	T	Z	E	N	U	C	I	E	Y	A	S
J	B	X	S	R	V	V	I	X	X	O	K	K	J	A	G	U	T	D
Y	L	I	H	R	Y	R	T	D	I	T	N	V	A	M	L	V	F	W
R	R	Q	W	T	K	N	A	S	I	G	B	J	M	V	Y	Y	L	W
H	K	Y	C	Y	T	J	M	V	X	D	N	T	Z	L	W	G	O	V
Q	H	J	V	B	N	F	E	C	I	X	V	V	H	B	Q	H	T	F

G	L	I	T	J	R	T	W	V	P	V	V	Z	I	Y	O	D	I	N
U	W	S	Z	U	K	K	I	Y	V	O	J	N	P	E	N	R	V	E
C	K	R	J	H	C	I	S	S	B	Z	L	W	Y	U	E	A	O	L
V	R	D	M	O	Q	W	U	L	Y	T	U	Q	M	T	G	Q	J	L
R	N	X	J	O	W	B	K	C	Y	E	E	R	U	I	C	U	D	O
H	C	I	L	T	N	E	D	R	O	G	B	A	P	L	Q	N	T	W
L	O	P	O	T	R	E	O	H	B	Q	R	E	R	X	O	V	U	L
D	H	A	Q	F	Y	Z	P	C	B	T	R	I	I	G	E	E	C	H
B	C	Z	O	A	U	S	E	Q	R	M	H	S	B	L	H	R	Z	O
Q	I	Z	U	H	O	E	R	E	N	Q	Y	B	Y	B	K	Z	G	W
N	C	V	C	M	S	D	V	L	G	J	O	S	P	L	Y	I	R	E
C	I	J	S	S	J	W	F	Z	N	D	T	K	R	E	M	C	Z	K
N	B	I	F	N	E	N	I	E	U	C	G	N	Y	D	K	H	Z	G
Y	C	D	E	M	P	W	Z	S	N	K	V	O	U	Z	T	T	O	G
P	C	B	P	W	K	H	Z	L	N	I	E	B	T	Q	S	B	Y	L
T	W	J	A	J	B	P	D	I	E	S	L	E	J	B	T	A	J	Y
X	U	Y	C	F	N	X	E	A	K	S	U	R	I	M	I	R	Y	N
Z	I	K	R	W	R	M	S	T	R	L	G	A	B	W	Z	E	H	L
A	F	I	I	G	M	Z	L	E	E	R	U	T	E	S	M	R	P	J
V	E	R	S	T	E	H	T	D	N	V	E	E	U	O	T	W	D	P
M	G	C	T	J	I	A	Z	T	A	E	W	R	R	G	X	Q	R	K
W	C	W	P	W	E	N	T	S	P	A	N	N	T	N	V	Z	X	S
C	A	E	X	L	W	X	L	K	W	I	T	V	A	P	N	D	K	W
Q	S	J	D	N	H	E	S	E	L	K	K	H	D	K	U	I	D	T

ORDENTLICH
ANERKENNUNG
VERSTEHT EINEN
UNVERZICHTBARER BERATER
HOERT ZU UND MERKT SICH DETAILS

WOHLWOLLEN
VERTRAUTER
ENTSPANNT
ZUHOEREN
LIEBE

Lösung

G	L	I	T	J	R	T	W	V	P	V	V	Z	I	Y	O	D	I	N
U	W	S	Z	U	K	K	I	Y	V	O	J	N	P	E	N	R	V	E
C	K	R	J	H	C	I	S	S	B	Z	L	W	Y	U	E	A	O	L
V	R	D	M	O	Q	W	U	L	Y	T	U	Q	M	T	G	Q	J	L
R	N	X	J	O	W	B	K	C	Y	E	E	R	U	I	C	U	D	O
H	C	I	L	T	N	E	D	R	O	G	B	A	P	L	Q	N	T	W
L	O	P	O	T	R	E	O	H	B	Q	R	E	R	X	O	V	U	L
D	H	A	Q	F	Y	Z	P	C	B	T	R	I	I	G	E	E	C	H
B	C	Z	O	A	U	S	E	Q	R	M	H	S	B	L	H	R	Z	O
Q	I	Z	U	H	O	E	R	E	N	Q	Y	B	Y	B	K	Z	G	W
N	C	V	C	M	S	D	V	L	G	J	O	S	P	L	Y	I	R	E
C	I	J	S	S	J	W	F	Z	N	D	T	K	R	E	M	C	Z	K
N	B	I	F	N	E	N	I	E	U	C	G	N	Y	D	K	H	Z	G
Y	C	D	E	M	P	W	Z	S	N	K	V	O	U	Z	T	T	O	G
P	C	B	P	W	K	H	Z	L	N	I	E	B	T	Q	S	B	Y	L
T	W	J	A	J	B	P	D	I	E	S	L	E	J	B	T	A	J	Y
X	U	Y	C	F	N	X	E	A	K	S	U	R	I	M	I	R	Y	N
Z	I	K	R	W	R	M	S	T	R	L	G	A	B	W	Z	E	H	L
A	F	I	I	G	M	Z	L	E	E	R	U	T	E	S	M	R	P	J
V	E	R	S	T	E	H	T	D	N	V	E	E	U	O	T	W	D	P
M	G	C	T	J	I	A	Z	T	A	E	W	R	R	G	X	Q	R	K
W	C	W	P	W	E	N	T	S	P	A	N	N	T	N	V	Z	X	S
C	A	E	X	L	W	X	L	K	W	I	T	V	A	P	N	D	K	W
Q	S	J	D	N	H	E	S	E	L	K	K	H	D	K	U	I	D	T

W	K	H	Q	M	G	O	F	G	T	R	U	S	I	C	H	N	A	T
T	Y	O	T	P	T	N	S	O	R	S	T	J	O	K	F	I	H	U
O	O	N	N	T	H	N	N	O	Q	D	V	J	V	H	H	I	V	A
M	O	R	E	J	D	A	F	L	I	X	W	D	U	P	N	F	E	A
V	R	D	N	T	G	E	C	R	O	R	P	N	A	E	R	U	R	D
O	I	N	I	H	R	E	E	F	C	P	E	S	I	M	K	G	X	Z
Q	B	E	E	D	B	K	S	D	H	M	A	N	Y	X	Z	K	S	S
P	M	N	G	E	T	E	O	C	A	B	V	H	A	X	V	B	I	N
R	C	R	K	I	I	K	D	S	H	E	P	N	E	G	L	G	E	H
V	H	O	V	A	E	A	N	I	R	I	F	R	X	R	N	Y	A	U
Q	Z	P	M	A	N	I	F	S	N	N	C	E	L	E	Z	D	H	O
O	W	S	O	R	E	N	E	R	I	G	R	K	Z	S	Y	U	Y	X
U	H	N	O	M	V	T	A	N	I	G	U	T	T	Y	E	K	S	J
H	X	A	E	R	Z	E	Z	G	N	H	E	N	W	P	W	G	C	S
H	P	G	B	E	X	Q	R	U	Y	A	L	C	G	I	P	W	N	Z
R	C	S	N	B	A	N	D	T	H	N	G	I	Y	S	K	Z	O	E
Q	N	L	T	X	B	N	B	C	R	C	M	R	E	K	L	D	M	D
A	D	F	B	A	I	S	S	D	O	A	C	H	B	B	F	O	B	R
L	G	R	D	B	R	X	Q	E	S	W	G	F	R	W	E	C	S	G
L	D	I	L	E	B	K	L	U	J	N	T	E	Q	C	V	R	A	E
R	C	I	L	W	N	O	E	M	E	X	R	B	N	E	Z	R	D	B
H	C	I	S	B	J	L	D	O	M	O	M	E	N	T	W	V	H	T
I	M	R	O	H	E	Q	Q	C	A	N	Q	Z	E	I	G	T	W	E
K	G	G	Z	F	W	N	O	R	X	C	Z	H	W	N	W	Z	Y	J

5

SICH VERTRAGEN
STARKE BINDUNG
ZEIGT BEDINGUNGSLOSE LIEBE
KANN SICH IN EINEN HINEINVERSETZEN
DEN GEMEINSAMEN MOMENT SCHAETZEN

ANSPORNEND
ENGES BAND
GESCHICKT
OPAHERZ
DIREKT

Lösung

W K H Q M G O F G T R U S I C H N A T
T Y O T P T N S O R S T J O K F I H U
O O N N T H N N O Q D V J V H H I V A
M O R E J D A F L I X W D U P N F E A
V R D N T G E C R O R P N A E R U R D
O I N I H R E E F C P E S I M K G X Z
Q B E E D B K S D H M A N Y X Z K S S
P M N G E T E O C A B V H A X V B I N
R C R K I I K D S H E P N E G L G E H
V H O V A E A N I R I F R X R N Y A U
Q Z P M A N I F S N N C E L E Z D H O
O W S O R E N E R I G R K Z S Y U Y X
U H N O M V T A N I G U T T Y E K S J
H X A E R Z E Z G N H E N W P W G C S
H P G B E X Q R U Y A L C G I P W N Z
R C S N B A N D T H N G I Y S K Z O E
Q N L T X B N B C R C M R E K L D M D
A D F B A I S S D O A C H B B F O B R
L G R D B R X Q E S W G F R W E C S G
L D I L E B K L U J N T E Q C V R A E
R C I L W N O E M E X R B N E Z R D B
H C I S B J L D O M O M E N T W V H T
I M R O H E Q Q C A N Q Z E I G T W E
K G G Z F W N O R X C Z H W N W Z Y J

B	P	G	I	Q	A	N	H	T	V	P	K	Q	D	Y	G	U	C	L
E	X	B	E	H	A	E	L	T	X	I	B	B	R	U	C	P	J	X
W	B	T	L	F	K	E	D	E	G	A	U	F	A	B	Y	A	T	F
X	D	Q	V	M	T	O	A	Z	V	E	R	L	A	S	S	L	W	U
O	I	S	V	H	T	K	N	A	W	B	B	P	F	N	A	R	S	J
U	B	S	Z	G	B	S	K	J	U	N	F	S	U	H	E	N	O	T
T	F	Y	S	G	S	X	B	W	W	T	J	F	N	F	I	I	A	E
D	K	N	Z	E	L	P	A	Q	L	M	H	E	L	W	F	T	N	J
M	C	H	E	H	W	H	R	L	Q	Z	M	E	A	H	Q	R	U	Y
M	T	M	H	E	S	P	N	M	I	M	H	N	N	L	U	Q	T	Y
L	Y	G	R	I	M	I	Q	J	A	Y	E	O	Q	T	A	V	M	K
H	Z	D	L	M	V	R	N	S	O	R	G	D	D	X	I	B	R	D
P	S	T	I	N	J	U	U	D	K	S	F	O	Z	C	X	S	X	N
I	C	P	C	I	P	Z	I	E	N	E	T	P	D	F	U	X	C	T
E	Z	S	H	S	L	B	N	Q	D	E	T	O	Z	N	V	E	R	H
M	U	O	P	S	U	N	R	T	K	S	A	A	S	N	C	K	P	L
T	N	U	H	E	U	L	A	Z	N	Z	N	T	R	H	Q	O	M	O
U	E	C	K	N	G	P	Y	D	I	R	I	V	S	I	N	T	S	I
N	I	N	G	J	I	F	L	T	K	K	Y	I	O	R	Q	B	K	R
S	G	E	Q	R	H	R	G	O	J	C	P	J	X	A	E	P	Y	E
E	U	H	F	X	E	X	V	J	Z	F	A	L	Y	A	Z	V	J	D
P	N	W	C	U	L	A	D	Y	A	X	E	J	T	O	T	G	J	W
A	G	B	F	X	K	A	A	S	W	J	E	Y	K	P	K	G	N	V
P	Q	Z	E	I	G	T	B	Q	M	K	W	R	Z	L	F	Y	D	S

VERSTAENDNIS
HELFER IN DER NOT
AUF IHN IST VERLASS
ZEIGT ANERKENNUNG
BEHAELT GEHEIMNISSE FUER SICH

ZUSAMMENHALT
AUTHENTISCH
ZUNEIGUNG
DANKBAR
EHRLICH

Lösung

B	P	G	I	Q	A	N	H	T	V	P	K	Q	D	Y	G	U	C	L
E	X	B	E	H	A	E	L	T	X	I	B	B	R	U	C	P	J	X
W	B	T	L	F	K	E	D	E	G	A	U	F	A	B	Y	A	T	F
X	D	Q	V	M	T	O	A	Z	V	E	R	L	A	S	S	L	W	U
O	I	S	V	H	T	K	N	A	W	B	B	P	F	N	A	R	S	J
U	B	S	Z	G	B	S	K	J	U	N	F	S	U	H	E	N	O	T
T	F	Y	S	G	S	X	B	W	W	T	J	F	N	F	I	I	A	E
D	K	N	Z	E	L	P	A	Q	L	M	H	E	L	W	F	T	N	J
M	C	H	E	H	W	H	R	L	Q	Z	M	E	A	H	Q	R	U	Y
M	T	M	H	E	S	P	N	M	I	M	H	N	N	L	U	Q	T	Y
L	Y	G	R	I	M	I	Q	J	A	Y	E	O	Q	T	A	V	M	K
H	Z	D	L	M	V	R	N	S	O	R	G	D	D	X	I	B	R	D
P	S	T	I	N	J	U	U	D	K	S	F	O	Z	C	X	S	X	N
I	C	P	C	I	P	Z	I	E	N	E	T	P	D	F	U	X	C	T
E	Z	S	H	S	L	B	N	Q	D	E	T	O	Z	N	V	E	R	H
M	U	O	P	S	U	N	R	T	K	S	A	A	S	N	C	K	P	L
T	N	U	H	E	U	L	A	Z	N	Z	N	T	R	H	Q	O	M	O
U	E	C	K	N	G	P	Y	D	I	R	I	V	S	I	N	T	S	I
N	I	N	G	J	I	F	L	T	K	K	Y	I	O	R	Q	B	K	R
S	G	E	Q	R	H	R	G	O	J	C	P	J	X	A	E	P	Y	E
E	U	H	F	X	E	X	V	J	Z	F	A	L	Y	A	Z	V	J	D
P	N	W	C	U	L	A	D	Y	A	X	E	J	T	O	T	G	J	W
A	G	B	F	X	K	A	A	S	W	J	E	Y	K	P	K	G	N	V
P	Q	Z	E	I	G	T	B	Q	M	K	W	R	Z	L	F	Y	D	S

R	X	N	D	S	R	M	J	Z	X	M	A	N	T	A	G	O	J	C
E	T	T	N	N	Z	C	M	H	M	O	U	L	T	R	W	T	W	A
L	C	N	T	I	V	H	C	A	W	S	O	C	I	I	L	R	Y	A
H	H	W	A	E	S	P	U	X	W	R	N	K	E	J	O	E	A	G
E	R	X	E	Y	F	N	P	T	P	M	D	M	K	X	G	G	K	Y
A	E	H	D	M	L	O	I	O	A	W	N	S	G	Y	N	E	I	D
Z	P	S	V	F	I	R	C	E	F	R	O	U	I	H	I	L	V	P
R	G	B	K	Y	M	Y	J	R	M	N	I	X	R	R	J	N	E	A
E	F	I	V	L	U	E	W	P	N	E	A	R	E	A	S	S	O	T
N	T	A	G	I	E	G	T	E	L	V	G	N	O	B	Q	S	L	U
E	M	N	J	E	O	M	N	K	J	R	I	V	H	R	I	O	Q	Z
T	E	W	E	H	U	S	R	A	T	G	E	B	E	R	I	L	K	C
H	O	R	G	K	C	Z	C	C	J	G	J	N	G	I	R	P	G	L
C	B	Z	S	H	N	T	S	O	N	F	A	R	N	E	G	A	P	Y
I	M	Y	E	H	V	A	R	S	E	T	Z	X	E	B	A	U	O	A
H	X	I	J	A	A	D	P	T	O	W	H	B	M	N	A	F	J	E
C	N	W	B	B	C	E	E	B	R	R	Y	R	M	U	J	M	B	I
S	A	C	R	V	N	T	L	W	G	W	G	C	A	X	I	E	E	Z
E	X	L	E	Y	Z	Q	N	T	C	T	P	U	S	K	X	R	O	V
G	E	G	T	G	N	Y	A	V	X	F	R	Y	U	E	T	K	P	Y
T	G	H	U	O	I	X	E	V	D	J	E	E	Z	G	E	S	C	W
W	N	C	G	X	G	E	H	W	T	C	U	E	T	Z	M	A	X	M
S	K	I	R	K	L	X	E	X	S	E	W	Z	L	J	B	M	U	A
E	D	J	S	S	E	K	F	D	Z	Y	A	R	P	J	T	B	K	W

GROSSZUEGIG
SONNENSCHEIN
HAELT REGELN EIN
ZUSAMMENGEHOERIGKEIT
GUTER GESCHICHTENERZAEHLER

AUFMERKSAM
GEMEINSINN
UNBEIRRBAR
RATGEBER
NAEHE

Lösung

R X N D S R M J Z X M A N T A G O J C
E T T N N Z C M H M O U L T R W T W A
L C N T I V H C A W S O C I I L R Y A
H H W A E S P U X W R N K E J O E A G
E R X E Y F N P T P M D M K X G G K Y
A E H D M L O I O A W N S G Y N E I D
Z P S V F I R C E F R O U I H I L V P
R G B K Y M Y J R M N I X R R J N E A
E F I V L U E W P N E A R E A S S O T
N T A G I E G T E L V G N O B Q S L U
E M N J E O M N K J R I V H R I O Q Z
T E W E H U S R A T G E B E R I L K C
H O R G K C Z C C J G J N G I R P G L
C B Z S H N T S O N F A R N E G A P Y
I M Y E H V A R S E T Z X E B A U O A
H X I J A A D P T O W H B M N A F J E
C N W B B C E E B R R Y R M U J M B I
S A C R V N T L W G W G C A X I E E Z
E X L E Y Z Q N T C T P U S K X R O V
G E G T G N Y A V X F R Y U E T K P Y
T G H U O I X E V D J E E Z G E S C W
W N C G X G E H W T C U E T Z M A X M
S K I R K L X E X S E W Z L J B M U A
E D J S S E K F D Z Y A R P J T B K W

N	J	M	B	V	F	P	V	W	M	Q	J	P	Y	L	Y	Q	K	M
X	V	Y	W	A	E	R	M	E	F	X	X	Z	L	X	N	H	G	V
D	E	T	B	I	G	C	G	O	L	U	B	J	K	D	Q	N	L	T
R	Y	G	X	U	A	W	G	D	T	O	Z	O	N	C	L	E	M	O
Y	W	N	L	P	X	E	D	N	H	H	L	P	B	C	E	B	H	I
C	L	R	D	F	O	E	R	G	M	L	Z	I	C	H	J	A	S	G
V	Q	I	M	Z	X	T	E	M	F	T	M	S	M	C	Y	H	E	H
R	C	L	U	W	W	E	U	W	D	E	H	V	P	I	R	N	N	Q
Z	A	J	I	P	A	Q	S	G	R	F	B	B	M	L	E	P	E	T
Y	W	T	D	Q	L	N	C	S	K	F	Y	A	M	R	F	T	F	T
N	D	F	G	R	S	W	H	P	O	C	R	L	P	H	I	N	F	G
O	I	Y	P	E	E	R	H	O	L	U	N	G	Y	E	F	E	O	E
J	S	X	R	N	B	H	R	K	V	Q	W	J	H	R	P	H	W	M
W	Y	U	X	P	Y	E	T	P	Y	F	O	T	R	D	N	C	N	E
F	N	E	U	B	S	N	N	O	V	J	U	Y	M	D	Y	A	M	I
K	F	J	Q	G	N	Y	U	D	J	A	E	P	C	S	P	L	M	N
F	Q	N	P	X	R	U	O	S	R	J	O	K	S	R	G	M	A	T
Q	B	D	I	R	A	R	R	T	H	R	Y	P	R	C	K	G	S	E
Q	I	G	P	J	W	O	R	R	X	M	P	K	V	A	X	D	N	V
M	F	I	G	W	K	E	K	X	J	I	C	O	T	L	T	I	I	K
S	Y	C	U	K	V	J	A	W	T	A	N	T	D	L	H	S	E	O
G	T	I	E	K	G	I	R	E	O	H	E	G	U	Z	S	B	M	H
H	H	Y	B	L	Z	D	Q	B	Q	F	P	Y	G	A	K	Z	E	R
T	S	S	U	W	E	B	T	H	C	I	L	F	P	I	K	L	G	O

ZUGEHOERIGKEIT
GEMEINSAM LACHEN
OFFENES OHR HABEN
STARKE VERTRAUTHEIT
GIBT GUT GEMEINTE TIPPS

PFLICHTBEWUSST
RATGEBEND
ERHOLUNG
EHRLICH
WAERME

Lösung

N	J	M	B	V	F	P	V	W	M	Q	J	P	Y	L	Y	Q	K	M
X	V	Y	W	A	E	R	M	E	F	X	X	Z	L	X	N	H	G	V
D	E	T	B	I	G	C	G	O	L	U	B	J	K	D	Q	N	L	T
R	Y	G	X	U	A	W	G	D	T	O	Z	O	N	C	L	E	M	O
Y	W	N	L	P	X	E	D	N	H	H	L	P	B	C	E	B	H	I
C	L	R	D	F	O	E	R	G	M	L	Z	I	C	H	J	A	S	G
V	Q	I	M	Z	X	T	E	M	F	T	M	S	M	C	Y	H	E	H
R	C	L	U	W	W	E	U	W	D	E	H	V	P	I	R	N	N	Q
Z	A	J	I	P	A	Q	S	G	R	F	B	B	M	L	E	P	E	T
Y	W	T	D	Q	L	N	C	S	K	F	Y	A	M	R	F	T	F	T
N	D	F	G	R	S	W	H	P	O	C	R	L	P	H	I	N	F	G
O	I	Y	P	E	E	R	H	O	L	U	N	G	Y	E	F	E	O	E
J	S	X	R	N	B	H	R	K	V	Q	W	J	H	R	P	H	W	M
W	Y	U	X	P	Y	E	T	P	Y	F	O	T	R	D	N	C	N	E
F	N	E	U	B	S	N	N	O	V	J	U	Y	M	D	Y	A	M	I
K	F	J	Q	G	N	Y	U	D	J	A	E	P	C	S	P	L	M	N
F	Q	N	P	X	R	U	O	S	R	J	O	K	S	R	G	M	A	T
Q	B	D	I	R	A	R	R	T	H	R	Y	P	R	C	K	G	S	E
Q	I	G	P	J	W	O	R	R	X	M	P	K	V	A	X	D	N	V
M	F	I	G	W	K	E	K	X	J	I	C	O	T	L	T	I	I	K
S	Y	C	U	K	V	J	A	W	T	A	N	T	D	L	H	S	E	O
G	T	I	E	K	G	I	R	E	O	H	E	G	U	Z	S	B	M	H
H	H	Y	B	L	Z	D	Q	B	Q	F	P	Y	G	A	K	Z	E	R
T	S	S	U	W	E	B	T	H	C	I	L	F	P	I	K	L	G	O

C	S	P	L	D	W	Y	H	D	J	S	N	Y	F	X	U	D	C	R
S	F	N	I	X	D	J	G	I	I	Y	I	I	K	Q	N	D	L	X
Q	Y	U	N	S	H	K	O	C	A	S	O	S	P	E	A	C	L	O
R	R	W	G	C	K	A	H	V	Y	S	T	C	Z	S	P	A	O	N
U	G	F	J	L	Y	S	A	G	T	S	E	R	S	K	T	S	V	E
X	F	H	S	S	R	L	L	S	V	B	U	R	P	O	M	C	S	B
G	Q	O	T	E	E	A	W	T	M	D	V	D	G	E	C	H	I	E
S	F	E	P	L	I	G	F	L	I	S	E	H	D	N	J	W	N	G
B	S	C	M	D	Q	N	C	C	D	D	R	R	Q	N	B	E	D	R
H	D	M	A	O	F	N	H	U	U	E	B	M	L	E	G	L	N	E
G	H	D	M	F	T	F	Z	E	P	P	U	T	X	N	Z	G	E	V
L	B	W	H	C	O	I	V	J	I	D	N	M	U	V	V	E	A	P
U	L	I	E	B	T	X	O	S	U	T	D	R	F	C	P	N	T	I
E	L	D	V	Y	X	B	H	N	L	C	E	A	W	N	A	O	S	N
C	D	I	H	X	G	G	F	X	A	N	N	V	K	F	S	S	R	E
K	F	W	Z	U	C	E	M	N	N	L	H	D	U	H	S	Q	E	S
S	V	A	Y	D	H	J	T	I	K	U	E	A	T	I	T	F	V	S
M	D	J	H	X	Y	R	R	W	L	Y	I	E	U	S	B	R	Y	A
O	E	J	I	I	H	E	S	G	L	I	T	A	Q	W	I	O	W	L
M	S	M	O	S	E	G	N	E	B	V	I	I	F	V	W	S	B	R
E	Z	T	Y	V	V	P	W	D	S	H	Y	T	Q	E	H	F	X	E
N	C	S	W	B	Q	E	K	M	A	I	A	I	Q	Q	J	C	U	V
T	T	H	K	W	J	R	E	D	N	A	N	I	E	F	U	A	I	A
E	E	A	I	R	F	B	U	D	D	A	Z	Q	S	L	S	O	W	D

9

PASST AUF DICH AUF
ENGE VERBUNDENHEIT
SAGT DASS ER DICH LIEBT
IN ERINNERUNGEN SCHWELGEN
SICH AUFEINANDER VERLASSEN

VERGEBEN KOENNEN
VERSTAENDNISVOLL
GLUECKSMOMENTE
EMOTIONAL
EINHEIT

Lösung

C S P L D W Y H D J S N Y F X U D C R
S F N I X D J G I I Y I I K Q N D L X
Q Y U N S H K O C A S O S P E A C L O
R R W G C K A H V Y S T C Z S P A O N
U G F J L Y S A G T S E R S K T S V E
X F H S S R L L S V B U R P O M C S B
G Q O T E E A W T M D V D G E C H I E
S F E P L I G F L I S E H D N J W N G
B S C M D Q N C C D D R R Q N B E D R
H D M A O F N H U U E B M L E G L N E
G H D M F T F Z E P P U T X N Z G E V
L B W H C O I V J I D N M U V V E A P
U L I E B T X O S U T D R F C P N T I
E L D V Y X B H N L C E A W N A O S N
C D I H X G G F X A N N V K F S S R E
K F W Z U C E M N N L H D U H S Q E S
S V A Y D H J T I K U E A T I T F V S
M D J H X Y R R W L Y I E U S B R Y A
O E J I I H E S G L I T A Q W I O W L
M S M O S E G N E B V I I F V W S B R
E Z T Y V V P W D S H Y T Q E H F X E
N C S W B Q E K M A I A I Q Q J C U V
T T H K W J R E D N A N I E F U A I A
E E A I R F B U D D A Z Q S L S O W D

X	A	T	A	C	K	R	J	Q	L	E	D	M	V	H	Z	U	V	U
V	A	F	Z	T	A	L	P	R	E	K	N	A	L	K	P	M	X	J
I	N	V	C	H	M	I	G	G	Y	Z	F	Z	R	L	O	I	T	V
W	E	Z	D	I	C	G	X	I	Q	P	F	N	K	K	U	W	Q	H
N	S	L	D	H	X	U	M	C	B	K	Y	E	V	I	Z	I	Y	R
O	C	G	I	T	F	N	J	R	Q	V	I	U	K	A	A	H	O	O
X	N	D	S	J	A	Q	F	J	S	N	M	A	R	K	A	M	Y	X
V	H	X	K	Z	D	H	M	O	O	G	O	R	E	L	Q	Z	O	M
D	I	L	U	U	O	M	D	D	Z	M	M	T	A	T	G	T	Z	U
Z	B	Z	T	Z	B	J	A	X	D	H	E	R	T	B	T	Q	P	B
L	A	H	I	P	Z	E	F	Q	H	V	N	E	I	C	A	B	E	P
I	M	Y	E	X	W	Q	V	U	D	I	T	V	V	O	T	T	M	B
E	P	X	R	W	R	M	B	Q	N	J	E	E	H	Z	O	K	A	E
B	C	P	E	Y	Q	F	M	P	U	N	F	O	M	L	N	E	S	S
E	C	N	N	R	S	I	U	K	E	K	R	X	L	O	R	T	N	O
N	B	E	C	K	A	W	C	W	R	B	I	E	L	U	I	S	I	N
S	C	X	Z	X	X	Q	H	R	F	M	J	O	T	Q	W	B	E	N
W	M	F	X	D	U	C	E	A	Z	A	R	A	U	J	Q	W	M	E
E	E	E	N	Z	I	T	H	R	N	N	Y	C	Z	W	T	K	E	N
R	C	I	Q	D	S	B	Y	A	T	S	F	R	Y	B	C	V	G	L
T	L	K	E	E	U	H	X	V	B	F	G	T	I	K	E	K	L	U
B	F	A	B	A	S	C	C	T	T	W	A	G	Y	L	M	I	H	S
C	B	L	G	O	U	Q	J	F	E	Z	N	R	N	D	J	F	L	V
V	E	E	G	U	X	L	V	X	Y	Z	P	L	K	G	P	B	R	V

LIEBENSWERT
BESTER FREUND
BLIND VERTRAUEN
ICH HAB DICH LIEB
TOLLE GEMEINSAME MOMENTE
DISKUTIEREN
ANKERPLATZ
GIBT KRAFT
BESONNEN
KREATIV

Lösung

X	A	T	A	C	K	R	J	Q	L	E	D	M	V	H	Z	U	V	U
V	A	F	Z	T	A	L	P	R	E	K	N	A	L	K	P	M	X	J
I	N	V	C	H	M	I	G	G	Y	Z	F	Z	R	L	O	I	T	V
W	E	Z	D	I	C	G	X	I	Q	P	F	N	K	K	U	W	Q	H
N	S	L	D	H	X	U	M	C	B	K	Y	E	V	I	Z	I	Y	R
O	C	G	I	T	F	N	J	R	Q	V	I	U	K	A	A	H	O	O
X	N	D	S	J	A	Q	F	J	S	N	M	A	R	K	A	M	Y	X
V	H	X	K	Z	D	H	M	O	O	G	O	R	E	L	Q	Z	O	M
D	I	L	U	U	O	M	D	D	Z	M	M	T	A	T	G	T	Z	U
Z	B	Z	T	Z	B	J	A	X	D	H	E	R	T	B	T	Q	P	B
L	A	H	I	P	Z	E	F	Q	H	V	N	E	I	C	A	B	E	P
I	M	Y	E	X	W	Q	V	U	D	I	T	V	V	O	T	T	M	B
E	P	X	R	W	R	M	B	Q	N	J	E	E	H	Z	O	K	A	E
B	C	P	E	Y	Q	F	M	P	U	N	F	O	M	L	N	E	S	S
E	C	N	N	R	S	I	U	K	E	K	R	X	L	O	R	T	N	O
N	B	E	C	K	A	W	C	W	R	B	I	E	L	U	I	S	I	N
S	C	X	Z	X	X	Q	H	R	F	M	J	O	T	Q	W	B	E	N
W	M	F	X	D	U	C	E	A	Z	A	R	A	U	J	Q	W	M	E
E	E	E	N	Z	I	T	H	R	N	N	Y	C	Z	W	T	K	E	N
R	C	I	Q	D	S	B	Y	A	T	S	F	R	Y	B	C	V	G	L
T	L	K	E	E	U	H	X	V	B	F	G	T	I	K	E	K	L	U
B	F	A	B	A	S	C	C	T	T	W	A	G	Y	L	M	I	H	S
C	B	L	G	O	U	Q	J	F	E	Z	N	R	N	D	J	F	L	V
V	E	E	G	U	X	L	V	X	Y	Z	P	L	K	G	P	B	R	V

V	B	S	E	L	B	S	T	L	O	S	L	K	I	U	Q	S	N	W
S	G	V	Q	H	G	X	Y	X	A	H	Z	T	S	M	A	F	A	E
R	N	N	S	F	A	W	B	N	E	U	H	C	O	U	R	Z	A	C
X	E	Y	W	L	Q	C	N	I	M	Z	U	H	L	R	J	D	E	Z
T	F	E	I	B	T	B	E	J	E	Z	J	O	I	A	A	M	A	N
A	F	H	M	N	K	S	N	V	K	Y	T	A	D	T	J	L	R	E
W	O	U	Y	T	C	S	N	B	J	W	I	S	A	L	J	A	Y	H
Z	X	O	U	H	N	G	E	Y	Z	L	G	K	R	E	B	D	W	C
P	W	U	E	B	H	L	O	S	L	H	B	G	I	A	C	M	P	E
R	W	N	S	R	L	Z	K	I	Q	O	S	T	T	H	L	L	X	R
D	K	E	X	I	L	A	C	H	E	N	R	B	A	A	M	K	E	P
T	N	O	P	N	L	P	W	I	G	P	O	E	E	C	Y	N	K	S
J	L	K	H	G	P	C	H	O	L	U	N	Z	T	I	N	O	H	R
K	U	R	R	T	Z	U	E	C	L	W	C	K	C	E	G	L	P	E
N	J	R	X	S	Y	L	L	P	K	R	P	R	O	I	Q	A	A	V
K	B	D	N	M	T	K	M	C	C	E	P	K	V	P	K	P	P	O
Q	V	N	E	U	A	R	T	R	E	V	S	N	C	F	H	Z	D	I
P	J	N	L	A	S	S	E	N	H	E	C	E	Y	M	M	E	S	S
R	I	Y	L	B	K	X	H	W	L	H	P	D	J	P	W	R	P	Z
E	D	A	U	S	G	E	G	L	I	C	H	E	N	U	Y	F	D	B
I	I	C	V	H	P	D	A	D	Y	S	Z	R	R	T	S	E	S	T
H	S	L	O	P	B	U	M	T	T	G	H	Z	X	H	N	B	L	I
L	I	E	B	E	V	O	L	L	T	E	I	L	H	A	B	E	N	A
F	R	E	L	J	O	A	N	Z	A	V	U	B	I	L	R	R	J	H

TEILHABEN LASSEN
HAELT VERSPRECHEN
SCHENKT VERTRAUEN
OFFEN REDEN KOENNEN
BRINGT EINEM ZUM LACHEN

ALLESKOENNER
AUSGEGLICHEN
SOLIDARITAET
LIEBEVOLL
SELBSTLOS

Lösung

V	B	S	E	L	B	S	T	L	O	S	L	K	I	U	Q	S	N	W
S	G	V	Q	H	G	X	Y	X	A	H	Z	T	S	M	A	F	A	E
R	N	N	S	F	A	W	B	N	E	U	H	C	O	U	R	Z	A	C
X	E	Y	W	L	Q	C	N	I	M	Z	U	H	L	R	J	D	E	Z
T	F	E	I	B	T	B	E	J	E	Z	J	O	I	A	A	M	A	N
A	F	H	M	N	K	S	N	V	K	Y	T	A	D	T	J	L	R	E
W	O	U	Y	T	C	S	N	B	J	W	I	S	A	L	J	A	Y	H
Z	X	O	U	H	N	G	E	Y	Z	L	G	K	R	E	B	D	W	C
P	W	U	E	B	H	L	O	S	L	H	B	G	I	A	C	M	P	E
R	W	N	S	R	L	Z	K	I	Q	O	S	T	T	H	L	L	X	R
D	K	E	X	I	L	A	C	H	E	N	R	B	A	A	M	K	E	P
T	N	O	P	N	L	P	W	I	G	P	O	E	E	C	Y	N	K	S
J	L	K	H	G	P	C	H	O	L	U	N	Z	T	I	N	O	H	R
K	U	R	R	T	Z	U	E	C	L	W	C	K	C	E	G	L	P	E
N	J	R	X	S	Y	L	L	P	K	R	P	R	O	I	Q	A	A	V
K	B	D	N	M	T	K	M	C	C	E	P	K	V	P	K	P	P	O
Q	V	N	E	U	A	R	T	R	E	V	S	N	C	F	H	Z	D	I
P	J	N	L	A	S	S	E	N	H	E	C	E	Y	M	M	E	S	S
R	I	Y	L	B	K	X	H	W	L	H	P	D	J	P	W	R	P	Z
E	D	A	U	S	G	E	G	L	I	C	H	E	N	U	Y	F	D	B
I	I	C	V	H	P	D	A	D	Y	S	Z	R	R	T	S	E	S	T
H	S	L	O	P	B	U	M	T	T	G	H	Z	X	H	N	B	L	I
L	I	E	B	E	V	O	L	L	T	E	I	L	H	A	B	E	N	A
F	R	E	L	J	O	A	N	Z	A	V	U	B	I	L	R	R	J	H

H	P	F	L	S	S	B	D	I	W	E	F	Z	A	D	E	B	Y	E
P	U	L	K	V	I	E	Q	C	F	T	V	I	Z	A	X	G	A	L
Y	L	E	W	C	N	Z	H	F	T	P	W	N	E	G	I	E	Z	V
F	L	I	M	X	O	K	K	E	U	P	X	T	W	E	F	W	W	J
Q	O	L	P	M	I	O	W	V	A	E	V	W	Y	N	V	T	J	R
T	V	T	O	G	T	H	E	Q	Z	N	R	H	K	S	D	L	E	U
V	T	D	A	K	G	E	M	E	I	M	S	A	M	H	A	N	I	N
J	E	Q	E	E	Q	A	Q	B	G	A	N	O	G	B	I	P	Y	C
J	A	M	U	Z	I	P	C	V	U	H	Z	U	V	E	H	M	C	F
U	T	P	R	R	Z	F	R	O	C	T	F	V	D	B	A	G	G	O
G	E	F	V	Q	X	Y	W	I	N	F	Y	Q	E	S	A	W	W	S
I	I	N	T	V	W	A	D	S	U	T	C	S	L	S	V	V	V	Y
T	P	P	K	B	S	W	E	T	H	R	T	H	G	T	I	E	Z	O
L	S	Y	E	A	F	T	V	Q	N	A	E	N	J	E	H	D	G	E
E	G	T	P	B	A	N	B	R	E	U	O	E	L	F	Y	D	E	Z
A	J	Q	S	R	W	H	E	N	F	E	F	G	Y	N	R	Y	D	W
F	V	N	E	O	V	G	D	N	M	T	G	R	W	M	X	S	U	D
G	T	I	R	I	Q	I	I	F	I	H	A	O	L	R	J	R	L	Z
R	J	E	R	G	G	E	A	V	L	L	M	B	M	P	M	U	D	E
O	B	S	W	K	N	F	F	K	H	N	U	E	H	Y	K	T	I	I
S	R	T	E	F	I	Z	S	M	W	A	M	G	B	C	E	A	G	T
H	O	I	E	N	E	G	N	I	R	B	R	E	V	V	I	H	C	I
O	T	T	I	D	J	I	U	F	U	E	H	L	E	G	N	M	D	K
Y	P	L	G	Z	Z	F	U	J	T	S	B	L	I	M	M	E	R	W

12

PIETAETVOLL SEIN
GERN IN DEINER NAEHE
FUEHLE MICH GEBORGEN
HAT IMMER ZEIT FUER DICH
GEMEIMSAM ZEIT VERBRINGEN

BESTAENDIGKEIT
RESPEKT ZEIGEN
EINFUEHLSAM
SORGFAELTIG
GEDULDIG

Lösung

H P F L S S B D I W E F Z A D E B Y E
P U L K V I E Q C F T V I Z A X G A L
Y L E W C N Z H F T P W N E G I E Z V
F L I M X O K K E U P X T W E F W W J
Q O L P M I O W V A E V W Y N V T J R
T V T O G T H E Q Z N R H K S D L E U
V T D A K G E M E I M S A M H A N I N
J E Q E E Q A Q B G A N O G B I P Y C
J A M U Z I P C V U H Z U V E H M C F
U T P R R Z F R O C T F V D B A G G O
G E F V Q X Y W I N F Y Q E S A W W S
I I N T V W A D S U T C S L S V V V Y
T P P K B S W E T H R T H G T I E Z O
L S Y E A F T V Q N A E N J E H D G E
E G T P B A N B R E U O E L F Y D E Z
A J Q S R W H E N F E F G Y N R Y D W
F V N E O V G D N M T G R W M X S U D
G T I R I Q I I F I H A O L R J R L Z
R J E R G G E A V L L M B M P M U D E
O B S W K N F F K H N U E H Y K T I I
S R T E F I Z S M W A M G B C E A G T
H O I E N E G N I R B R E V V I H C I
O T T I D J I U F U E H L E G N M D K
Y P L G Z Z F U J T S B L I M M E R W

R	U	Q	P	O	F	L	E	B	A	D	N	E	P	S	N	C	V	L
V	E	S	Q	A	J	E	P	U	F	O	Y	R	L	K	S	W	O	P
Z	F	H	M	G	H	D	Z	U	C	M	E	N	S	C	H	N	R	X
U	Q	A	C	P	Q	O	U	A	F	E	Y	T	X	V	Y	O	B	A
W	W	U	B	I	B	N	Z	T	Y	N	K	O	L	I	B	I	I	A
E	B	O	W	D	L	K	H	L	K	R	V	L	X	R	E	T	L	V
X	C	S	F	O	P	T	F	R	R	Z	R	Y	C	C	A	A	D	E
D	O	G	M	I	M	E	R	I	Z	R	K	O	A	H	B	R	G	R
P	W	N	I	M	M	T	J	E	W	J	M	M	C	K	T	I	E	B
J	R	X	B	U	P	N	Z	G	A	W	R	X	K	O	E	P	M	U
V	X	A	G	U	I	G	X	N	D	Z	O	O	M	K	K	S	E	N
D	C	A	Q	Y	C	N	F	Q	M	U	J	V	K	A	I	N	I	D
U	F	O	A	K	W	U	Z	T	S	V	J	H	I	U	I	I	N	E
M	K	Z	N	I	Q	Z	O	W	I	P	T	Y	I	D	G	L	S	N
A	T	W	F	I	S	T	O	V	U	Y	W	T	P	K	L	Q	A	H
R	X	N	O	A	Z	E	U	M	K	L	Q	J	P	G	C	P	M	E
M	N	U	U	C	V	A	H	V	L	B	W	I	H	F	W	L	K	I
U	L	P	L	V	B	H	S	R	N	X	B	M	R	N	K	D	E	T
N	Q	E	D	B	F	C	F	K	H	I	H	F	T	B	P	E	I	I
G	D	Z	N	Z	G	S	Q	H	S	I	C	H	H	G	S	T	T	D
E	T	J	Z	E	W	T	H	A	W	X	W	Z	D	A	T	V	Q	D
N	E	Y	Y	I	Z	R	G	O	W	C	V	L	F	K	T	I	E	Z
U	L	L	E	G	L	E	Z	L	V	X	C	M	V	R	L	Y	M	U
I	P	G	D	T	Y	W	G	R	O	S	S	V	A	T	E	R	B	R

13

VERBUNDENHEIT
GEMEINSAMKEIT
NIMMT SICH ZEIT
ZAERTLICHER MENSCH
ZEIGT WERTSCHAETZUNG
UMARMUNGEN
INSPIRATION
GROSSVATER
SPENDABEL
VORBILD

Lösung

R	U	Q	P	O	F	L	E	B	A	D	N	E	P	S	N	C	V	L
V	E	S	Q	A	J	E	P	U	F	O	Y	R	L	K	S	W	O	P
Z	F	H	M	G	H	D	Z	U	C	M	E	N	S	C	H	N	R	X
U	Q	A	C	P	Q	O	U	A	F	E	Y	T	X	V	Y	O	B	A
W	W	U	B	I	B	N	Z	T	Y	N	K	O	L	I	B	I	I	A
E	B	O	W	D	L	K	H	L	K	R	V	L	X	R	E	T	L	V
X	C	S	F	O	P	T	F	R	R	Z	R	Y	C	C	A	A	D	E
D	O	G	M	I	M	E	R	I	Z	R	K	O	A	H	B	R	G	R
P	W	N	I	M	M	T	J	E	W	J	M	M	C	K	T	I	E	B
J	R	X	B	U	P	N	Z	G	A	W	R	X	K	O	E	P	M	U
V	X	A	G	U	I	G	X	N	D	Z	O	O	M	K	K	S	E	N
D	C	A	Q	Y	C	N	F	Q	M	U	J	V	K	A	I	N	I	D
U	F	O	A	K	W	U	Z	T	S	V	J	H	I	U	I	I	N	E
M	K	Z	N	I	Q	Z	O	W	I	P	T	Y	I	D	G	L	S	N
A	T	W	F	I	S	T	O	V	U	Y	W	T	P	K	L	Q	A	H
R	X	N	O	A	Z	E	U	M	K	L	Q	J	P	G	C	P	M	E
M	N	U	U	C	V	A	H	V	L	B	W	I	H	F	W	L	K	I
U	L	P	L	V	B	H	S	R	N	X	B	M	R	N	K	D	E	T
N	Q	E	D	B	F	C	F	K	H	I	H	F	T	B	P	E	I	I
G	D	Z	N	Z	G	S	Q	H	S	I	C	H	H	G	S	T	T	D
E	T	J	Z	E	W	T	H	A	W	X	W	Z	D	A	T	V	Q	D
N	E	Y	Y	I	Z	R	G	O	W	C	V	L	F	K	T	I	E	Z
U	L	L	E	G	L	E	Z	L	V	X	C	M	V	R	L	Y	M	U
I	P	G	D	T	Y	W	G	R	O	S	S	V	A	T	E	R	B	R

P	J	D	S	A	H	U	N	C	J	N	W	G	F	N	L	F	Y	C
H	F	K	H	R	L	X	K	D	R	E	R	P	Y	H	X	P	Z	Q
N	L	O	Y	H	T	U	V	W	Y	R	W	F	W	B	F	W	B	E
Z	W	B	A	S	R	Q	O	P	J	T	B	M	N	X	R	E	I	Z
B	I	R	S	L	H	A	D	O	K	Z	T	D	A	C	D	N	E	Y
S	Y	T	U	E	A	S	Z	W	J	K	I	F	G	A	M	U	M	K
F	E	T	T	H	W	N	L	J	F	C	O	A	N	A	R	C	N	E
H	M	I	O	I	E	L	C	T	H	I	I	H	L	U	L	G	N	S
C	N	I	D	I	B	O	B	H	Z	M	V	I	Q	Q	K	L	F	Z
I	R	A	T	F	S	N	F	C	B	F	G	B	V	A	J	U	I	X
E	B	S	C	L	E	X	Y	I	T	V	R	E	Q	T	S	A	Z	D
R	J	C	A	H	L	S	J	R	W	J	R	I	O	J	K	S	N	Z
S	U	P	T	Y	S	R	E	P	S	T	R	E	S	S	O	E	Y	G
L	E	R	L	E	J	I	V	S	R	M	O	S	Q	A	Z	Y	N	I
L	B	S	M	F	P	M	C	D	T	T	U	B	U	T	E	U	O	T
A	E	F	P	C	N	N	I	H	G	S	U	V	E	Y	R	A	Y	E
F	R	F	R	L	R	R	E	E	T	Z	P	U	L	E	Q	H	G	K
N	H	N	T	K	N	E	D	U	D	I	T	R	H	R	C	T	G	D
I	E	J	L	D	G	Q	U	E	A	S	G	C	E	E	U	Y	C	C
E	K	J	C	J	G	E	K	V	R	R	I	G	I	F	F	I	F	P
C	H	S	J	M	I	G	W	E	B	E	T	M	Q	Y	V	Y	U	R
S	E	W	B	N	P	L	T	Q	R	H	K	R	L	A	L	R	B	T
N	E	V	E	H	F	N	M	E	Y	S	R	Y	E	W	A	O	Y	X
U	E	J	S	G	U	V	B	E	V	J	O	I	F	V	Z	F	G	B

DENKT AN DICH
UNTERSTUETZEND
EINE BEREICHERUNG
BEWAHRT BEI STRESS RUHE
SPRICHT MIT DIR UEBER DIE ZUKUNFT

EINFALLSREICH
NACHSICHTIG
VERTRAUEN
EINMALIG
PFIFFIG

Lösung

P	J	D	S	A	H	U	N	C	J	N	W	G	F	N	L	F	Y	C
H	F	K	H	R	L	X	K	D	R	E	R	P	Y	H	X	P	Z	Q
N	L	O	Y	H	T	U	V	W	Y	R	W	F	W	B	F	W	B	E
Z	W	B	A	S	R	Q	O	P	J	T	B	M	N	X	R	E	I	Z
B	I	R	S	L	H	A	D	O	K	Z	T	D	A	C	D	N	E	Y
S	Y	T	U	E	A	S	Z	W	J	K	I	F	G	A	M	U	M	K
F	E	T	T	H	W	N	L	J	F	C	O	A	N	A	R	C	N	E
H	M	I	O	I	E	L	C	T	H	I	I	H	L	U	L	G	N	S
C	N	I	D	I	B	O	B	H	Z	M	V	I	Q	Q	K	L	F	Z
I	R	A	T	F	S	N	F	C	B	F	G	B	V	A	J	U	I	X
E	B	S	C	L	E	X	Y	I	T	V	R	E	Q	T	S	A	Z	D
R	J	C	A	H	L	S	J	R	W	J	R	I	O	J	K	S	N	Z
S	U	P	T	Y	S	R	E	P	S	T	R	E	S	S	O	E	Y	G
L	E	R	L	E	J	I	V	S	R	M	O	S	Q	A	Z	Y	N	I
L	B	S	M	F	P	M	C	D	T	T	U	B	U	T	E	U	O	T
A	E	F	P	C	N	N	I	H	G	S	U	V	E	Y	R	A	Y	E
F	R	F	R	L	R	R	E	E	T	Z	P	U	L	E	Q	H	G	K
N	H	N	T	K	N	E	D	U	D	I	T	R	H	R	C	T	G	D
I	E	J	L	D	G	Q	U	E	A	S	G	C	E	E	U	Y	C	C
E	K	J	C	J	G	E	K	V	R	R	I	G	I	F	F	I	F	P
C	H	S	J	M	I	G	W	E	B	E	T	M	Q	Y	V	Y	U	R
S	E	W	B	N	P	L	T	Q	R	H	K	R	L	A	L	R	B	T
N	E	V	E	H	F	N	M	E	Y	S	R	Y	E	W	A	O	Y	X
U	E	J	S	G	U	V	B	E	V	J	O	I	F	V	Z	F	G	B

S	M	S	E	E	L	E	N	T	A	N	K	S	T	E	L	L	E	R
N	L	C	X	T	D	T	K	Z	F	S	A	J	P	L	H	L	I	J
A	T	J	W	K	R	H	M	C	B	A	J	C	W	D	U	E	O	E
Z	G	O	R	G	A	E	O	W	V	Y	W	Y	M	I	W	H	X	M
D	L	A	L	B	F	M	U	W	K	Z	S	I	I	I	Q	K	V	N
L	T	W	E	L	F	W	O	O	S	N	M	G	T	E	F	C	I	V
S	S	N	D	V	Q	U	P	T	E	M	I	P	Z	M	N	I	Z	D
V	K	I	R	S	F	N	D	Z	E	V	J	P	Q	N	E	L	Y	I
K	X	K	D	K	U	D	Y	R	B	A	L	R	H	F	V	B	I	M
S	H	H	E	H	W	E	F	Z	Q	T	L	Y	E	H	V	T	C	E
S	S	U	V	P	R	R	U	P	Z	F	O	N	Y	J	O	H	U	O
Z	K	U	O	Y	V	V	E	U	X	L	T	N	A	H	Y	C	M	W
A	B	L	W	X	J	O	C	D	M	I	C	P	X	F	F	I	S	L
B	T	H	N	Y	G	L	C	G	Z	H	U	B	V	S	R	L	A	Z
N	X	E	A	M	C	L	H	Y	K	J	B	N	J	S	I	C	Z	R
U	S	U	A	A	N	J	G	B	N	X	P	B	O	Z	W	H	W	U
E	Z	F	Z	U	S	N	Y	M	Y	Y	X	D	B	D	C	Q	N	E
O	D	E	A	W	T	G	R	O	S	R	U	T	A	A	T	B	G	C
X	V	G	R	F	D	O	C	D	T	U	A	E	S	F	D	V	Z	K
X	V	H	A	E	Q	V	I	H	S	N	Q	T	I	X	H	K	I	S
S	U	K	E	I	D	Y	W	Z	I	H	N	V	E	D	R	G	P	I
F	I	Y	P	N	N	E	M	H	E	N	E	S	M	U	H	C	Z	C
J	L	S	W	P	V	V	F	K	R	U	W	I	R	X	S	I	C	H
L	W	W	E	N	J	C	F	T	M	U	T	M	A	C	H	E	R	T

15

HILFT IMMER
SEELENTANKSTELLE
WUNDERVOLL TOLL
WIR GEFUEHL HABEN
RUECKSICHT NEHMEN

MUTMACHER
SORGT SICH
LICHTBLICK
STARK
TREU

Lösung

S	M	S	E	E	L	E	N	T	A	N	K	S	T	E	L	L	E	R
N	L	C	X	T	D	T	K	Z	F	S	A	J	P	L	H	L	I	J
A	T	J	W	K	R	H	M	C	B	A	J	C	W	D	U	E	O	E
Z	G	O	R	G	A	E	O	W	V	Y	W	Y	M	I	W	H	X	M
D	L	A	L	B	F	M	U	W	K	Z	S	I	I	I	Q	K	V	N
L	T	W	E	L	F	W	O	O	S	N	M	G	T	E	F	C	I	V
S	S	N	D	V	Q	U	P	T	E	M	I	P	Z	M	N	I	Z	D
V	K	I	R	S	F	N	D	Z	E	V	J	P	Q	N	E	L	Y	I
K	X	K	D	K	U	D	Y	R	B	A	L	R	H	F	V	B	I	M
S	H	H	E	H	W	E	F	Z	Q	T	L	Y	E	H	V	T	C	E
S	S	U	V	P	R	R	U	P	Z	F	O	N	Y	J	O	H	U	O
Z	K	U	O	Y	V	V	E	U	X	L	T	N	A	H	Y	C	M	W
A	B	L	W	X	J	O	C	D	M	I	C	P	X	F	F	I	S	L
B	T	H	N	Y	G	L	C	G	Z	H	U	B	V	S	R	L	A	Z
N	X	E	A	M	C	L	H	Y	K	J	B	N	J	S	I	C	Z	R
U	S	U	A	A	N	J	G	B	N	X	P	B	O	Z	W	H	W	U
E	Z	F	Z	U	S	N	Y	M	Y	Y	X	D	B	D	C	Q	N	E
O	D	E	A	W	T	G	R	O	S	R	U	T	A	A	T	B	G	C
X	V	G	R	F	D	O	C	D	T	U	A	E	S	F	D	V	Z	K
X	V	H	A	E	Q	V	I	H	S	N	Q	T	I	X	H	K	I	S
S	U	K	E	I	D	Y	W	Z	I	H	N	V	E	D	R	G	P	I
F	I	Y	P	N	N	E	M	H	E	N	E	S	M	U	H	C	Z	C
J	L	S	W	P	V	V	F	K	R	U	W	I	R	X	S	I	C	H
L	W	W	E	N	J	C	F	T	M	U	T	M	A	C	H	E	R	T

K	Z	F	H	W	S	C	H	L	A	U	O	I	S	L	J	J	W	E
F	O	T	C	N	V	T	N	E	U	Q	E	S	N	O	K	L	B	R
K	N	A	R	K	S	E	L	L	A	T	U	K	H	D	Q	B	Z	V
K	U	Z	K	B	J	Q	F	H	B	L	L	H	E	B	W	Q	R	Z
M	U	V	E	S	E	L	B	S	T	B	E	W	U	S	S	T	C	H
Q	O	C	N	G	E	A	G	E	J	F	F	V	K	W	B	J	B	V
U	M	Q	U	C	N	R	C	R	C	P	N	V	I	E	O	T	G	E
E	A	C	X	N	V	I	G	K	C	J	R	M	O	X	M	T	V	Q
B	N	N	E	W	F	B	D	L	O	N	A	M	W	E	H	O	A	O
E	N	S	M	W	G	R	L	A	L	E	K	U	E	M	M	E	R	T
R	G	G	E	J	A	N	Q	E	I	D	H	D	O	L	D	J	A	B
C	E	R	J	S	D	U	C	R	E	E	X	K	V	Z	H	N	H	D
S	P	V	E	J	C	V	G	T	B	R	G	I	K	P	C	D	I	T
X	M	H	K	N	N	P	X	P	L	T	C	E	P	O	N	Z	R	S
W	E	C	J	A	Z	Z	E	B	I	Z	Q	F	G	F	O	H	Y	I
Y	M	I	B	R	L	E	X	O	N	T	T	U	X	R	C	P	R	B
F	B	L	L	M	N	Y	N	M	G	E	G	O	W	T	F	F	I	Z
S	M	Z	I	U	H	C	I	S	S	S	M	C	T	V	E	D	Q	D
O	H	R	R	F	C	L	A	H	M	G	W	U	A	W	P	Y	T	D
A	V	E	E	V	U	O	X	G	E	R	E	R	E	O	H	U	Z	D
Y	I	H	I	J	Q	R	X	V	N	V	L	L	N	X	L	D	R	Y
M	Z	R	I	U	V	X	Q	Z	S	X	G	A	X	G	N	D	T	G
B	D	R	E	D	Y	L	Z	W	C	D	N	P	J	B	F	P	V	P
R	A	Y	W	F	T	K	M	Q	H	E	V	J	G	E	L	W	V	U

SETZT GRENZEN
ERKLAERT DINGE
LIEBLINGSMENSCH
UEBER ALLES REDEN
KUEMMERT SICH WENN DU KRANK BIST

SELBSTBEWUSST
KONSEQUENT
ZUHOERER
HERZLICH
SCHLAU

Lösung

K	Z	F	H	W	S	C	H	L	A	U	O	I	S	L	J	J	W	E
F	O	T	C	N	V	T	N	E	U	Q	E	S	N	O	K	L	B	R
K	N	A	R	K	S	E	L	L	A	T	U	K	H	D	Q	B	Z	V
K	U	Z	K	B	J	Q	F	H	B	L	L	H	E	B	W	Q	R	Z
M	U	V	E	S	E	L	B	S	T	B	E	W	U	S	S	T	C	H
Q	O	C	N	G	E	A	G	E	J	F	F	V	K	W	B	J	B	V
U	M	Q	U	C	N	R	C	R	C	P	N	V	I	E	O	T	G	E
E	A	C	X	N	V	I	G	K	C	J	R	M	O	X	M	T	V	Q
B	N	N	E	W	F	B	D	L	O	N	A	M	W	E	H	O	A	O
E	N	S	M	W	G	R	L	A	L	E	K	U	E	M	M	E	R	T
R	G	G	E	J	A	N	Q	E	I	D	H	D	O	L	D	J	A	B
C	E	R	J	S	D	U	C	R	E	E	X	K	V	Z	H	N	H	D
S	P	V	E	J	C	V	G	T	B	R	G	I	K	P	C	D	I	T
X	M	H	K	N	N	P	X	P	L	T	C	E	P	O	N	Z	R	S
W	E	C	J	A	Z	Z	E	B	I	Z	Q	F	G	F	O	H	Y	I
Y	M	I	B	R	L	E	X	O	N	T	T	U	X	R	C	P	R	B
F	B	L	L	M	N	Y	N	M	G	E	G	O	W	T	F	F	I	Z
S	M	Z	I	U	H	C	I	S	S	S	M	C	T	V	E	D	Q	D
O	H	R	R	F	C	L	A	H	M	G	W	U	A	W	P	Y	T	D
A	V	E	E	V	U	O	X	G	E	R	E	R	E	O	H	U	Z	D
Y	I	H	I	J	Q	R	X	V	N	V	L	L	N	X	L	D	R	Y
M	Z	R	I	U	V	X	Q	Z	S	X	G	A	X	G	N	D	T	G
B	D	R	E	D	Y	L	Z	W	C	D	N	P	J	B	F	P	V	P
R	A	Y	W	F	T	K	M	Q	H	E	V	J	G	E	L	W	V	U

D	K	C	M	O	U	S	X	E	U	B	L	U	G	C	Q	G	R	G
E	Z	I	R	E	C	P	K	D	W	D	W	Y	V	M	H	R	S	A
Y	X	J	G	D	W	J	A	K	U	F	S	V	G	L	A	U	B	T
J	E	A	N	I	I	P	L	S	D	E	N	K	T	Z	S	E	B	R
D	S	B	W	U	T	C	E	Y	R	U	U	U	F	U	Y	U	T	O
U	Y	I	T	M	M	R	H	E	J	P	T	Y	P	O	Y	L	E	Y
Q	V	U	Q	L	O	A	A	Q	P	O	V	E	F	D	L	Z	E	Q
J	N	E	V	G	B	W	R	S	O	O	R	X	U	B	F	D	I	E
G	M	D	R	W	O	T	E	M	S	H	L	M	E	F	J	E	N	G
F	P	C	Z	Z	C	Q	Q	I	E	O	Q	X	R	S	E	N	M	U
Z	F	D	L	Q	E	B	X	L	X	N	R	B	S	U	O	K	C	N
P	Q	H	R	I	R	I	D	T	A	Q	R	G	O	A	L	T	T	Q
R	G	H	S	U	Q	Y	H	S	P	U	H	U	R	R	K	D	G	N
C	V	L	T	O	V	Y	H	E	N	C	A	Y	G	O	C	C	I	F
E	D	W	N	J	M	S	Y	D	N	N	J	U	L	V	D	B	D	A
C	B	N	S	B	U	E	F	Y	L	X	Y	K	I	B	K	Y	I	H
N	C	O	A	X	M	X	P	D	B	K	O	A	C	V	W	L	E	O
J	T	B	D	T	O	C	O	F	E	I	J	R	H	A	J	L	T	U
A	H	Z	P	O	X	S	S	T	R	E	I	T	E	N	L	B	R	R
Y	B	I	I	P	Y	B	Q	A	H	G	T	S	I	B	V	N	E	O
J	A	A	U	N	H	F	U	P	S	I	C	H	W	T	E	L	V	T
S	N	A	J	M	E	F	F	P	A	P	C	Y	H	N	S	X	F	N
Y	Q	K	K	C	K	N	E	H	C	S	E	G	I	T	S	Z	J	P
Q	E	S	T	E	L	X	X	U	C	S	G	E	K	D	M	I	T	V

17

EIN GESCHENK
GLAUBT AN DICH
VERTEIDIGT EINEN
DU BIST GROSSARTIG
STREITEN UND VERZEIHEN

SICH UMARMEN
FUERSORGLICH
DENKT VORAUS
SUPERHELD
DENKT MIT

Lösung

D	K	C	M	O	U	S	X	E	U	B	L	U	G	C	Q	G	R	G
E	Z	I	R	E	C	P	K	D	W	D	W	Y	V	M	H	R	S	A
Y	X	J	G	D	W	J	A	K	U	F	S	V	G	L	A	U	B	T
J	E	A	N	I	I	P	L	S	D	E	N	K	T	Z	S	E	B	R
D	S	B	W	U	T	C	E	Y	R	U	U	U	F	U	Y	U	T	O
U	Y	I	T	M	M	R	H	E	J	P	T	Y	P	O	Y	L	E	Y
Q	V	U	Q	L	O	A	A	Q	P	O	V	E	F	D	L	Z	E	Q
J	N	E	V	G	B	W	R	S	O	O	R	X	U	B	F	D	I	E
G	M	D	R	W	O	T	E	M	S	H	L	M	E	F	J	E	N	G
F	P	C	Z	Z	C	Q	Q	I	E	O	Q	X	R	S	E	N	M	U
Z	F	D	L	Q	E	B	X	L	X	N	R	B	S	U	O	K	C	N
P	Q	H	R	I	R	I	D	T	A	Q	R	G	O	A	L	T	T	Q
R	G	H	S	U	Q	Y	H	S	P	U	H	U	R	R	K	D	G	N
C	V	L	T	O	V	Y	H	E	N	C	A	Y	G	O	C	C	I	F
E	D	W	N	J	M	S	Y	D	N	N	J	U	L	V	D	B	D	A
C	B	N	S	B	U	E	F	Y	L	X	Y	K	I	B	K	Y	I	H
N	C	O	A	X	M	X	P	D	B	K	O	A	C	V	W	L	E	O
J	T	B	D	T	O	C	O	F	E	I	J	R	H	A	J	L	T	U
A	H	Z	P	O	X	S	S	T	R	E	I	T	E	N	L	B	R	R
Y	B	I	I	P	Y	B	Q	A	H	G	T	S	I	B	V	N	E	O
J	A	A	U	N	H	F	U	P	S	I	C	H	W	T	E	L	V	T
S	N	A	J	M	E	F	F	P	A	P	C	Y	H	N	S	X	F	N
Y	Q	K	K	C	K	N	E	H	C	S	E	G	I	T	S	Z	J	P
Q	E	S	T	E	L	X	X	U	C	S	G	E	K	D	M	I	T	V

V B J S P G I T H S E O X I Q U T D N
Q M E T G M R V S V S D T M L I S N R
X S T O G O H H U N H H S L A D A S U
F U R D S A E N G S T E W D I H C F D
Z A O T L N H A E P G V U K M X B K M
T R W T V U V U K L I O B E S S E I N
A Q E I N E C C A E T T R W A I W Y Y
H N F O B Z R H L V U Q E J U C P U Q
C K N U P V N B V T M T A L S H I E N
S O E N E E N G U I L D H I U X X D C
S V J A O R J H G E G N T G K N X A N
G V E Z O S E A O K N Q R W H T M N I
N Y Z Q P T A E I H V D L N N E G K M
U C B F S E X V M C W O E Y A B L B M
R D Q E I H G F M I N O V T J T H A T
H T B U G E N N I L G J R J E A C R Q
A L B F E N H D J T T I K T B R U H W
F O D D C Z N X U E K X T H G W R P Y
R H A D I U Y E P U L T D R O R P L W
E I S F K R D Y Q M R Y O Y M E S M M
A T M V O M J Z J E O S B D J A U I C
M O N H D O E K B G S U W N U S Z R Q
E W N V S N J Z U E I N A N D E R J E
V E K M M K L P R A U H E F B S I T B

18

NIMMT DIR AENGSTE
ZUEINANDER HALTEN
TROST UND ZUSPRUCH
GEMUETLICHKEIT
GROSSER ERFAHRUNGSSCHATZ
VERBUENDETER
HOLT DAS BESTE AUS MIR RAUS
DANKBAR SEIN
SICH AUCH OHNE WORTE VERSTEHEN
MUTIG

Lösung

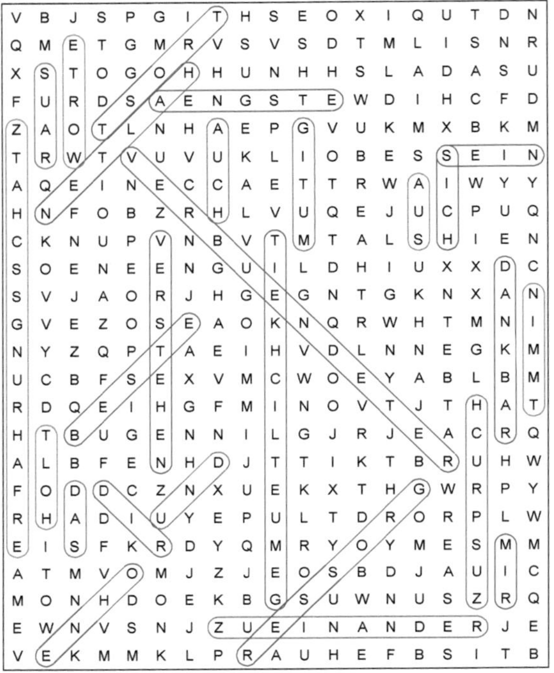
V B J S P G I T H S E O X I Q U T D N
Q M E T G M R V S V S D T M L I S N R
X S T O G O H H U N H H S L A D A S U
F U R D S A E N G S T E W D I H C F D
Z A O T L N H A E P G V U K M X B K M
T R W T V U V U K L I O B E S S E I N
A Q E I N E C C A E T T R W A I W Y Y
H N F O B Z R H L V U Q E J U C P U Q
C K N U P V N B V T M T A L S H I E N
S O E N E E N G U I L D H I U X X D C
S V J A O R J H G E G N T G K N X A N
G V E Z O S E A O K N Q R W H T M N I
N Y Z Q P T A E I H V D L N N E G K M
U C B F S E X V M C W O E Y A B L B M
R D Q E I H G F M I N O V T J T H A T
H T B U G E N N I L G J R J E A C R Q
A L B F E N H D J T T I K T B R U H W
F O D D C Z N X U E K X T H G W R P Y
R H A D I U Y E P U L T D R O R P L W
E I S F K R D Y Q M R Y O Y M E S M M
A T M V O M J Z J E O S B D J A U I C
M O N H D O E K B G S U W N U S Z R Q
E W N V S N J Z U E I N A N D E R J E
V E K M M K L P R A U H E F B S I T B